생성형 AI와 춤

AI문고

인공지능 시대입니다. 기계가 인간의 인지를 대신하고, 사물이 인간을 통하지 않고 다른 사물과 직접 커뮤니케이션합니다. 이에 따른 인간 삶과 문명 변화를 정확히 이해·예측·대응하는 것은 이 시대 우리 모두의 과제입니다. AI문고는 인공지능 기술과 환경의 여러 주제를 10가지 키워드로 정리합니다. 관련 개념과 이론, 학계와 산업계의 쟁점, 우리 일상의 변화를 다룹니다. 인간과 기술의 현재, 미래를 세심히 분석합니다.

일러두기

- 인명, 작품명, 저서명, 개념어 등은 한글과 함께 괄호 안에 해당 국가의 원어를 병기했습니다.
- 외래어 표기는 현행 어문규정의 외래어표기법을 따랐습니다.

처음이세요?

전문가세요?

생성형 AI와 춤

유주연

대한민국, 서울, 커뮤니케이션북스, 2025

생성형 AI와 춤

지은이 유주연
펴낸이 박영률

초판 1쇄 펴낸날 2025년 12월 12일

커뮤니케이션북스(주)
출판 등록 2007년 8월 17일 제313-2007-000166호
02880 서울시 성북구 성북로 5-11
전화(02) 7474 001, 팩스(02) 736 5047
commbooks@commbooks.com
www.commbooks.com

ISBN 979-11-430-1481-8 03500

책값은 뒤표지에 표시되어 있습니다.

차례

춤과 AI의 첫 만남

"수학이 뭘까?"

어느 평범한 가을날, 혼자 수학 문제를 증명하느라 그 아이디어에 골몰하다가 문득 하늘을 봤다. 누군가 내 귓가에 대고 속삭이듯 묻는 것 같았다. 순간 고개를 들어 파란 하늘을 바라봤다.

"수학이…, 수학은…."

그리고 내 머릿속을 슝~ 스치고 지나가는 말이 있었다.

"수학은 예술이야."

논리와 증명의 세계인 수학을 예술이라고? 나 자신도 놀랐다. 하지만 그 순간, 나는 확신했다. 수학은 분명히 예술이었다. 사람마다 다른 증명 스타일, 창의적 아이디어로 접근하는 풀이법, 아름다운 정리를 발견했을 때의 전율, 그리고 우아한 해법을 찾았을 때의 만족감. 이런 감정들은 분명 예술적 경험과 닮아 있었다. 그날 이후 나는 수학을 다른 눈으로 보기 시작했다. 그리고 오래된 기억 하나가 떠올랐다.

4살 때부터 6살까지 한국 무용을 배웠다. 그리고 춤을 그만두었다가 초등학교 때 어떤 선생님의 권유로 학교 발레반에 들어가 2년을 배웠다. 중학교 2년과 고등학교 1년간 나는 한국 무용과 현대 무용, 발레를 배웠고 그 시간들을 사랑했다. 서로 다른 춤들을 그 특성에 맞게 하나하나의 동작을 정확하게 익히는 과정은 즐거움 그 자체였다. 아쉽게도 부모님의 반대로 무용 전공으로의 대학 진학은 포기하고 수학을 전공하게 되었지만, 춤에 대한 사랑은 잊어본 적이 없다. 나는 30대 후반부터 재즈댄스를 다시 시작해 현재까지 20년을 추고 있다.

잘 안 되는 동작들의 수없는 연습과 실패, 그리고 마침내 한 동작을 완성했을 때의 성취감. 신기하게도 수학 문제를 풀 때, 개념을 나만의 것으로 만들었을 때 비슷한 감정을 느꼈다. 차분히 조건들을 정리하고, 여러 방법을 시도하고, 막다른 길에서 돌아 나와 새로운 접근을 찾는 과정. 이 모든 과정은 춤을 배울 때와 똑같았다.

번스타인의 대수학과 헝거포드의 알지브라(algebra)로 똑같은 정리를 증명할 때, 어떻게 정의하고 어디로부터 접근하느냐에 따라 그 증명 방법이 완전히 달랐다. 똑같은 춤을 춰도 무용수에 따라 그 느낌이 다른 것처럼, 수학에서도 창작자의 개성과 해석이 드러났다. 어릴 때부터 춤에서 느꼈던 그 창조적 희열을 수학에서도 발견할 수 있었기에, 수학 박사 과정까지 이어갈 수 있었던 것 같다.

2014년 빅데이터와 4차 산업혁명이라는 말이 유행할 때 나는 다시 공부를 시작했다. 데이터 속에서 숨겨진 패턴을 찾아내고, 데이터를 정제하고, 알고리즘을 통해 예측 모델을 만드는 과정, 알고리즘을 바꿔 가며 모델의 성능을 개선했을 때의 성취감은 무용에서 동작을 완성했을 때, 수학 문제를 풀었을 때와 근본적으로 같았다. 이때 무언가를 관통하는 빛을 본 듯했다.

유튜브를 방황하던 어느 날, 유튜브 알고리즘에서 내 심사에 딱 맞는 인공지능 기술과 춤이라는 〈AI Learns to Dance〉 영상을 발견했다. UC Berkeley 연구팀이 개발한 〈Everybody Dance Now〉 프로젝트였다. AI가 한 사람의 춤 동작을 학습해 다른 사람의 몸에 그 춤을 입히는 기술이었다. 영상을 보는 순간, 나는 위협감이나 불안이 아닌 호기심을 느꼈다. 빅데이터 전문가로서, 그리고 수학과 춤을 사랑하는 사람으로서 이런 질문들이 떠올랐다.

춤을 데이터로 어떻게 표현할 수 있을까? 인간의 복잡한 움직임을 수치로 변환할 때 무엇이 보존되고 무엇이 사라질까? AI가 생성한 움직임을 과연 '춤'이라고 할 수 있을까? AI가 찾아낸 움직임의 패턴은, 인간이 느끼는 춤의 패턴과 같은 것일까?

프롤로그

앞선 서문에서 던진 질문들에 대한 답을 찾기 위해, 나는 먼저 춤이 데이터가 되는 현실을 마주해야 했다. 카네기 멜론 대학의 모션 캡처 데이터베이스 속에서, 인간의 모든 움직임은 각 관절의 x, y, z 좌표가 0.01초 단위로 기록된 숫자의 나열이 되어 있었다. 이 차가운 숫자들 앞에서, 나는 데이터가 현실의 '그림자'일 뿐이라는 사실을 다시금 상기했다. 아무리 정교해도 데이터는 현실의 모든 것을 담을 수 없다. 관절의 각도, 속도, 궤적은 기록할 수 있지만, 그 움직임을 추는 사람의 의도나 감정, 숨결까지 담아낼 수는 없다.

그럼에도 불구하고 AI와 춤의 만남은 흥미로운 가능성을 열어주고 있었다. 웨인 맥그리거와 구글의 〈Living Archive〉 프로젝트에서 그는 "AI는 내가 보지 못한 나의 패턴을 보여 준다"고 말했다. 인간이 의식하지 못하는 패턴을 기계가 발견해 주는 것. 이것이 바로 데이터 분석의 핵심이었다. MIT의 〈Human-AI Co-Dancing〉 프로젝트는 한 걸음 더 나아가, AI가 인간을 대체하는 것이 아니라 전통 지식을 보존하고 새로운 협업을 창조하는 '협력자'가 될 수 있음을 보여 주었다.

관련 연구들을 살피며 나는 한 가지 아쉬움을 발견했다. 대부분의 연구가 포즈 추정의 정확도, 동작 생성의 다양성 같은 기술적 관점에만 집중되어 있다는 점이었다. 춤이 무엇인지, 왜 인간에게 중요한지, 기술과 예술이 만날 때 어떤 철학적 고민이 필요한지에 대한 근본적인 질문은 상대적으로 부족했다.

수학을 전공하고 빅데이터를 다루면서도 춤을 사랑하는 사람으로서, 기술과 예술의 교차점에서 새로운 관점을 제시할 수 있지 않을까? "수학은 예술이다"라고 직감했던 그날의 환희처럼, 수학과 춤, 데이터와 움직임, 알고리즘과 예술이 결국 '패턴을 발견하고 아름다움을 추구한다'는 본질에서 연결되어 있음을 이야기하고 싶었다. 이 책은 바로 그 생각의 결과물이다.

10개의 장을 통한 탐구

이 책은 총 10개의 장을 통해 춤과 인공지능의 만남을 다각도로 탐구한다.

1~3장에서는 춤이 어떻게 데이터가 되고, AI가 그 데이터를 통해 어떻게 춤을 '보고', '만드는지' 그 원리를 살

핀다. 이 과정에서 무엇이 보존되고 무엇이 사라지는지, 데이터화의 의미와 한계를 짚어본다.

4~5장에서는 인간과 AI의 협업 사례와 그 과정에서 발생하는 윤리적 문제를 다룬다. 춤 동작의 저작권과 데이터로 사용된 몸의 문제를 정면으로 질문한다.

6~7장에서는 감정과 서사, 그리고 확장된 신체의 문제를 탐구한다. 감정 없는 AI의 리듬은 춤일 수 있는지, 그리고 기술이 의족 무용수나 디지털 아바타처럼 인간의 몸을 어떻게 확장하는지 살펴본다.

8~9장에서는 교육과 문화의 영역으로 논의를 확장한다. AI 댄스 튜터의 가능성과 그늘, 그리고 전통 무용이 AI에 의해 학습될 때 발생하는 문화적 편향과 맥락 소실의 위험성을 논한다.

마지막 10장에서는 이 모든 논의를 바탕으로, 기술이 인간을 지배하는 것이 아니라 인간의 창의성을 돕는 '인간 중심 기술'의 미래를 모색하며 글을 맺는다.

이 책은 정답을 제시하기보다 함께 질문을 던지고자 한다. 이 책이 춤과 기술, 예술과 과학의 경계에서 새로운 길을 찾는 이들에게 작은 나침반이 되기를 바란다. 무엇보다 이 책을 읽은 후, 독자 여러분이 직접 몸을 움직여 보기를 권한다. 음악에 맞춰 걷거나, 좋아하는 동작을 따라 해 보는 작은 경험이야말로, 이 책이 던지는 질문의 진짜 의미를 몸으로 이해하는 가장 좋은 방법이 될 것이다.

참고문헌

Chan, C. et al.(2018). Everybody Dance Now. arXiv:1808.07371. https://arxiv.org/abs/1808.07371

Carnegie Mellon University Motion Capture Database. http://mocap.cs.cmu.edu/

Experiments with Google(2019). Living Archive by Wayne McGregor. https://experiments.withgoogle.com/living-archive-wayne-mcgregor

McGregor, W.(2019). Choreography powered through AI tool | Google Arts & Culture. https://www.youtube.com/watch?v=qshkvUOc35A

Pataranutaporn, P. et al.(2024). Human-AI co-dancing: Evolving cultural heritage through collaborative choreography with generative virtual characters. *Proceedings of the 9th International Conference on Movement and Computing.* https://www.media.mit.edu/publications/human-ai-co-dancing-evolving-moco2024/

Trajkova, M. et al.(2024). Exploring Collaborative Movement Improvisation Towards the Design of LuminAI—a Co-Creative AI Dance Partner. *Proceedings of the 2024 CHI Conference on Human Factors in Computing Systems*, 890. https://dl.acm.org/doi/10.1145/3613904.3642677

01
몸과 알고리즘의 만남

프레임: 거울 앞의 첫 박

문이 닫히고 음악이 켜진다. 8카운트의 비트가 바닥을 두드리자, 몸이 그 비트에 맞춰 반응한다. 거울에 비친 나와 실제 나는 두 개의 몸이다. 하나는 몸이 느끼는 리듬이고, 다른 하나는 거울이 비추는 리듬이다. 전자는 숨과 체온의 리듬이고, 후자는 좌표와 각도의 리듬이다.

어느 날 알고리즘이 거울 쪽으로 들어왔다. 정확한 박자, 흔들림 없는 각도, 대칭의 균형을 보여 주며 묻는다. “이것이 당신이 찾던 최적의 움직임인가?”

기후 위기와 인공지능?

춤과 수학: 반복·대칭·패턴의 아름다움

"춤출 때 어떻게 카운트를 세나요?" 아마도 이렇게 이야기하면 누군가 웃을 것이다. '앤' 카운트도 있고, 하나 두울 셋 넷일 때도 있고, 하나두울 세엣 네엣일 때도 있다. 한둘셋네엣일 때도 있다. 거기에 비트가 들어간다. 바로 그 카운트가 춤의 첫 번째 패턴이다.

물리학자 케네스 로스(Kenneth Laws)는 발레리나의 피루엣을 '각 운동량 보존 법칙'이라는 물리학의 언어로 해설했다. 팔을 몸에 붙이면 회전이 빨라지고, 팔을 떼면 느려지는 것은 지극히 당연한 원리다. TED-Ed 채널의 한 영상은 발레에서 가장 어려운 동작 중 하나인 푸에테(fouetté)의 물리학적 원리를 쉽고 매력적으로 풀어내 대중을 사로잡았다. 사람들은 춤이라는 마법이 과학이라는 언어로 해독될 수 있다는 사실에 신기해한다. 재즈의 8카운트는 주기 함수처럼 반복되고, 발레의 대칭적 포지션은 기하학적 변환으로 설명된다. 한 무용수가 먼저 시작하고 다른 무용수가 한 박 뒤따르는 카논은 시간차를 둔 벡터의 움직임으로 해석될 수 있다.

그리고 바로 이 지점, 즉 논리와 수학으로 환원될 수 있는 모든 영역은 이제 인공지능의 무대가 된다.

인공지능과의 첫 접점: 몸이 데이터가 되는 순간

2018년, UC 버클리 연구팀이 공개한 〈Everybody Dance Now〉 프로젝트는 충격이었다. 영상 속에서 전문 댄서의 현란한 몸짓이, 춤에는 문외한인 평범한 사람의 몸을 통해 그대로 재현되고 있었다. 마치 숙련된 댄서의 영혼이 다른 사람의 몸으로 옮겨간 것 같았다.

이것은 AI가 무에서 춤을 창조한 것이 아니었다. 기술의 핵심은 '모션 전이(Motion Transfer)'였다. 한 사람의 움직임을 데이터로 변환해 다른 사람에게 이식하는 정교한 '디지털 인형술'이었다. 과정을 단순화하면 이렇다. AI는 먼저 원본 영상 속 댄서의 동작을 막대기 인형(pose stick figures)의 움직임으로 추출한다. 이 뼈대 데이터를 두 번째 영상 속 인물의 신체에 맞게 변환한 뒤, 생성적 적대 신경망(GAN)을 이용해 그 위에 피부와 옷, 질감을 입혀 자연스러운 춤 영상으로 합성하는 것이다.

스튜디오에 카메라 한 대를 놓고 누군가 춤을 추기 시작한다. 그 순간부터 카메라의 눈에는 팔다리가 점이 되고, 움직임이 궤적이 된다. 어깨와 팔꿈치, 엉덩이와 무릎, 발목과 발끝은 키포인트라는 점이 되고, 그 점들이 시간 위에서 그리는 궤적이 선이 된다. 이것이 바로 포즈 추정이다.

카네기 멜런 대학교의 모션 캡처 데이터베이스를 들여다보면 이런 변환이 얼마나 철저한지 알 수 있다. 그곳에는 걷고, 뛰고, 춤추는 인간의 움직임이 몸에 부착된 적외선 마커의 3차원 좌표로 변환되어, 초당 120프레임의 정밀함으로 기록된 수천 개의 동작 시퀀스가 저장되어 있다.

Subject_01_Walk_001.c3d

Subject_02_Dance_Jazz_003.c3d

Subject_15_Ballet_Pirouette_012.c3d

파일명들이 모든 것을 말해 준다. 인간의 움직임은 이제 subject(피험자)가 되었고, 춤은 카테고리가 되었다. 수만 줄의 숫자들은 밤하늘의 별자리처럼 인간의 형상을 암시하지만 그 자체로는 어떤 온기도, 무게도, 숨결도 없다.

수치화의 희열과 한계: 데이터와 이야기 사이

흔들리는 호흡과 땀의 궤적이 정밀한 수치로 정리되는 장면은, 마치 연습일지를 한 번에 정리한 표처럼 마음을 정돈해 준다. 어느 동작에서 축이 기울었는지, 어떤 연결이 매끄럽지 않은지가 확실한 근거를 가지고 눈앞에 나타난다. 추상화는 실수를 발견하는 힘이다.

하지만 여기서 질문이 생긴다. 수치화된 춤은 진짜 춤일까? 신경과학계에서 '거울 뉴런'의 발견은 흥미로운 단서를 제공한다. 타인의 움직임을 보는 것만으로도 내 뇌의 운동 영역이 활성화된다는 이 현상은, 우리가 어떻게 서로에게 연결되는지를 보여 준다. 이 신경 세포들이 인간의 깊은 '공감' 능력과 연관이 있을 것이라는 가설도 제기되고 있다. 물론 이것이 공감의 모든 것을 설명하는지에 대해서는 여전히 과학적 논쟁이 존재한다. 하지만 한 가지는 분명하다. 우리는 서로의 움직임을 '데이터'가 아닌 '이야기'로 읽어 낸다는 것이다. 좌표와 각도로 기록할 수 있는 것들을 생각해 보자. 관절의 위치, 움직임의 속도, 궤적의 방향. 이것들은 분명 춤의 중요한 요소다. 그런데 바닥의 탄력은? 다른 무용수와의 미묘한 교감은? 같은 팔의 포즈라도, 그 포즈까지 어떻게 왔는지(긴장)와 그 포즈 뒤에 어디로 가는지(해소)에 따라 정서는 전혀 달라진다. 숫자는 순간을 잘라 보여주지만, 춤의 감정은 순간들을 이어 만든다.

협업의 가능성

기술은 춤에게 무엇일까? 영국의 안무가 웨인 맥그리거가 구글 아츠 앤 컬처 랩과 함께 진행한 〈Living Archive〉 프로젝트는 다른 가능성을 보여 준다. 이 프로젝트는 맥그리거의 25년 아카이브를 학습한 AI 시스템이 그의 스타일을 반영한 움직임을 제안하고, 안무가는 이를 선택·변형·확장하는 방식으로 창작을 진행했다.

2019년 7월 로스앤젤레스 The Music Center에서 초연된 이 작업에서, 맥그리거는 흥미로운 발견을 했다. "AI는 내가 보지 못한 나의 패턴을 보여 준다." 25년간 축적된 무용수의 동작 데이터를 분석한 AI는 무용수 자신도 의식하지 못했던 자신의 움직임에서 습관과 선호를 드러내 보인 것이다. 인공지능은 여기서 창작의 거울이자 프리즘처럼 작동했다. 잠재된 패턴을 비춰 주고 분해해 보여 주는 도구로 기능한 것이다. 대화에서 "음…"이라고 잠시 머뭇거리는 순간을 생각해 보라. 그 침묵이 오히려 다음 말에 무게를 실어 주지 않는가? AI가 제안하는 움직임도 마찬가지다. 완성품이 아니라 새로운 대화의 시작점이 되는 것이다.

하지만 기술의 그림자도 분명히 존재한다. UC 버클리의 〈Everybody Dance Now〉 같은 모션 전이 기술은 동의 없는 이미지 조작이라는 딥페이크 악용 가능성을 내포한다. 누군가의 춤을 허락 없이 다른 사람의 몸에 입힌다면 단순한 기술적 성취를 넘어 윤리적 문제가 된다.

저작권 문제도 복잡하다. 웨인 맥그리거의 스타일을 학습한 AI가 만든 새로운 움직임의 소유권은 누구에게 있을까? 학습 데이터를 제공한 안무가에게? AI 모델을 개발한 프로그래머에게? 아니면 AI 자체에게?

교육 영역에서도 우려가 있다. 효율성만을 좇는 'AI 튜터'만으로는 인간적 유대와 전인격적 성장을 담보하기 어렵다.

춤을 배우는 이유는 단순히 동작을 익히는 것이 아니라, 몸과 마음이 함께 성장하는 과정 자체에 있다. 스승이 학생의 몸과 성향을 이해하고 한계를 넘도록 격려하며 좌절에 공감하는 관계. 이것은 데이터로 학습할 수 있는 영역이 아니다.

그렇다면 우리는 어떤 길을 선택해야 할까? 재즈의 스윙이 그 한 박의 지연에서 태어날 수 있듯, 무용의 환희도 한 번의 의도된 어긋남에서 발견되곤 한다. 그러나 알고리즘은 어긋남을 오류로 본다. 인간은 그것을 스타일로 본다.

여기서 중요한 것은 번역의 기술이다. AI가 보여주는

좌표는 “측정의 언어”이고, 무대에서 우리가 겪는 감정은 “경험의 언어”다. 좋은 춤은 이 두 언어를 서로 번역한다.

예를 들어보자. 왼팔이 위로 뻗는 포즈가 있다면, 측정의 언어는 ‘견갑의 상승 15도, 팔꿈치의 회전 45도, 손목의 궤적’이고, 경험의 언어는 ‘숨이 올라간다, 갈비뼈가 갈라진다, 손끝이 공기를 가른다’다.

번역을 어떻게 연습할까? 순서가 중요하다. 먼저 왜 이 동작을 하는가(의도와 감정), 그 다음 어떻게 표현할 것인가(호흡과 무게중심), 마지막으로 얼마나 정확하게 할 것인가(각도와 타이밍). 의도 없는 정확함은 공허하고, 정확함 없는 의도는 흐릿하다.

프레임으로 돌아가기: 거울 앞의 마지막 박

처음 장면으로 돌아간다. 8카운트의 마지막 박이 가까워질수록, 거울 속 두 리듬이 포개지기 시작한다. 좌표의 리듬과 숨의 리듬이 서로를 덮는다. 마지막 한 박을 아주 의도적으로 늦춰 보자. 그 지연이 음악의 강세와 정확히 겹친다.

알고리즘이 봤다면 타이밍 오류 0.2초라고 표시했을지 모른다. 하지만 그 0.2초의 지연이 바로 이 프레이즈에 필요한 숨이었다.

기술은 우리에게 정확한 측정을 가르쳤다. 이제 우리는 그 측정 위에 선택을 올려놓을 수 있다. 언제 정확할 것인가, 언제 벗어날 것인가를.

앞으로의 장에서 우리는 이런 선택들을 더 깊이 탐구해 볼 것이다. AI가 어떻게 춤을 '보고', '만들고', '가르치는지', 그리고 그 과정에서 무엇이 보존되고 무엇이 변화하는지를. 기술과 예술이 만나는 이 새로운 무대에서, 인간은 여전히 주인공일 수 있을까?

용어 노트

춤을 구성하는 가장 기본적인 약속은 8카운트에서 시작한다. 음악의 박자를 '하나부터 여덟'까지의 숫자로 세는 이 방식은 춤 동작의 최소 단위가 된다. 이 8카운트가 여러 개 모여 하나의 완결된 동작 구절을 이루는데, 이를 프레이즈(phrase)라고 부른다. 안무는 보통 여러 개의 프레이즈가 연결되어 완성된다. 만약 한 그룹이 특정 프레이즈를 시작하고 다른 그룹이 시간차를 두고 똑같이 따라온다면, 이를 카논(canon)이라 칭하며, 이는 움직임에 입체감과 깊이를 더하는 고전적인 안무 기법이다.

이러한 춤의 구조는 수학과 물리학의 언어로도 설명

할 수 있다. 무용수의 동선이나 팔다리가 뻗어 나가는 방향과 힘은 크기와 방향을 가진 벡터(vector)로 표현할 수 있으며, 대칭적인 자세를 만들거나 몸을 회전시키는 동작은 도형이나 좌표를 다른 형태로 바꾸는 수학적 변환(transformation)으로 이해할 수 있다.

인공지능은 이러한 분석적 관점을 한 단계 더 나아가, 움직임을 직접 데이터로 변환한다. AI는 먼저 영상 속 인체의 주요 관절 위치(어깨, 팔꿈치, 무릎 등)를 키포인트(keypoint)라는 좌표점으로 인식한다. 영상에서 사람의 관절 키포인트를 자동으로 검출하는 이 기술을 포즈 추정(pose estimation)이라고 부른다. 이렇게 한 사람의 움직임을 키포인트 데이터로 변환한 뒤, 그 데이터를 다른 사람의 영상에 그대로 이식하여 춤을 추게 만드는 기술이 바로 모션 전이(Motion Transfer)다. 이처럼 춤은 무용수가 느끼는 카운트에서 시작해, 수학적 원리를 거쳐, 마침내 AI가 읽고 쓰는 데이터의 언어로 번역된다.

참고문헌

Google AI Edge. Pose landmark detection guide. https://ai.google.dev/edge/mediapipe/solutions/vision/pose_landmarker

Blom, L. A. & Chaplin, L. T.(1982/2010). *The Intimate Act of*

Choreography. University of Pittsburgh Press.

Cao, Z. et al.(2017). Realtime Multi-Person 2D Pose Estimation using Part Affinity Fields. *2017 IEEE Conference on Computer Vision and Pattern Recognition (CVPR).* https://openaccess.thecvf.com/content_cvpr_2017/html/Cao_Realtime_Multi-Person_2D_CVPR_2017_paper.html

Carnegie Mellon University Motion Capture Database. http://mocap.cs.cmu.edu/

Chan, C. et al.(2018). Everybody Dance Now. arXiv:1808.07371. https://arxiv.org/abs/1808.07371

Experiments with Google(2019). Living Archive by Wayne McGregor. https://experiments.withgoogle.com/living-archive-wayne-mcgregor

Laban, R.(2011). *The Mastery of Movement*(4th ed.). Routledge.

Laws, K.(2002). *Physics and the Art of Dance: Understanding Movement*. Oxford University Press.

McGregor, W.(2019). Living Archive: Choreographic AI. YouTube.

Rizzolatti, G. & Craighero, L.(2004). The Mirror-Neuron System. *Annual Review of Neuroscience, 27*, pp.169~192.

TED-Ed(2016). The Physics of the “Hardest Move” in Ballet. https://www.youtube.com/watch?v=l5VgOdgptRg

02
AI의 시선으로 본 춤

스튜디오의 거울은 내 동작의 형태를 비추지만, 그 안의 감각까지 보여 주지는 못한다. 이제 그 거울에 AI라는 새로운 시선이 더해졌다.
알고리즘의 눈은 인간의 눈과 달리 춤을 '수치'와 '좌표'로 본다. 인간의 눈이 '전체적인 흐름'과 '느낌'을 보는 동안, 기계는 0과 1로 번역된 세계 속에서 나의 균형이 몇 도 기울었는지, 박자가 몇 초 빨랐는지 정확하게 분석한다.
우리는 몸이 데이터가 되는 기술의 원리를 분석하고, 좌표의 세계와 감각의 세계 사이에 놓인 분명한 간극을 마주할 것이다.

노래하는 AI 보컬?

움직임을 포착하는 두 가지 눈: 마커와 마커리스

AI가 춤을 구현한다는 것은 현재 기술이지만 그 근원은 움직이는 모든 것을 붙잡아 기록하고 이해하려는 인류의 오랜 욕망에 닿아있다. 19세기 사진가 에드워드 마이브리지(Eadweard Muybridge)는 달리는 말의 네 발이 모두 공중에 뜨는 순간이 있는지를 증명하기 위해 24대의 카메라를 동원해 연속 사진을 촬영했다. 이는 인간의 눈으로는 포착할 수 없는 찰나의 움직임을 프레임 단위로 분해한 '모션 캡처'의 원시적 형태였다.

오늘날 가장 정밀한 방식인 광학식 모션 캡처는 무용수의 몸 주요 관절에 작은 반사 마커를 붙이고, 여러 대의 적외선 카메라로 마커의 3차원 좌표를 정밀하게 추적한다. 스핀의 축, 발의 접지, 마감의 타이밍처럼 인간 코치의 눈이 놓치기 쉬운 미세한 변화를 초당 수백 프레임(Hz)의 높은 속도로 기록한다. 최고의 장점은 타의 추종을 불허하는 정확도이며, 명백한 단점은 높은 비용과 넓은 공간, 복잡한 설치 과정의 제약이다.

이러한 특성 때문에 광학식 모션 캡처는 오랫동안 〈아바타〉와 같은 대규모 영화나 게임 산업의 전유물로 여겨져 왔다. 하지만 최근 이 기술은 무용계와 만나 춤을 보존하고, 분석하며, 새롭게 창조하는 세 가지 중요한 가능성을 열고 있다.

첫째, 춤을 영원히 보존한다. 공연이 끝나는 순간 사라지는 시간 예술인 춤을, 모션 캡처는 인간문화재 무용수의 독특한 호흡과 스텝까지 3차원 디지털 데이터, 즉 '살아있는 악보'로 영구히 남길 수 있다.

둘째, 인간의 눈을 넘어 분석하고 교육한다. 모션 캡처 데이터는 무용수에게 가장 정직하고 객관적인 거울이 되어 준다. 학생의 점프 최고점 높이나 체공 시간 등을 수치로 정확히 분석하여 보여줄 수 있는 것이다.

셋째, 새로운 창작의 도구가 된다. 가장 중요한 연결점은 AI와의 협업이다. AI가 새로운 춤을 제안하기 위해서는 먼저 인간의 춤을 '학습'해야 한다. 이때 모션 캡처는 인간의 몸짓을 AI가 이해할 수 있는 언어(데이터)로 번역해 주는 핵심적인 '통역사' 역할을 한다.

이러한 제약을 극복하려는 흐름 속에서 등장한 것이 마커리스 방식이다. 마커나 특수 장비 없이 일반 카메라만으로 영상 속 사람의 관절 위치, 즉 키포인트를 AI가 자동으로 검출하는 포즈 추정(Pose Estimation)이 대표적이다. 이 기술 덕분에 스마트폰 카메라만으로도 누구나 자신의 춤 동작을 데이터로 변환할 수 있게 되었다.

학습하는 기계의 눈: 딥러닝과 합성곱 신경망

AI는 어떻게 카메라 영상만 보고 사람의 관절 위치를 찾아내는 것일까? 그 비밀은 인간의 신경망에서 영감을 얻은 딥러닝(Deep Learning) 기술에 있다. 딥러닝은 기계에 수많은 예제 데이터(가령, 사람 사진)와 정답(각 사진의 실제 관절 위치)을 함께 보여 주며, 기계가 스스로 데이터 속의 패턴과 규칙을 학습하게 만드는 방식이다.

특히 이미지 인식 분야에서는 합성곱 신경망(Convolutional Neural Network, CNN)이라는 특화된 딥러닝 모델이 결정적인 역할을 한다. CNN은 마치 퍼즐을 맞추는 과정과 같다. 첫 번째 단계에서는 작은 조각들(선, 점, 모서리)을 찾아내고, 다음 단계에서는 이 조각들을 조합해 더 큰 형태(눈, 코, 입)를 만들며, 마지막에는 전체 그림(얼굴, 자세)을 완성한다.

첫 번째 층의 필터들은 이미지 전체를 훑으며 수직선, 수평선, 특정 색상의 점과 같은 가장 기본적인 시각 요소만 찾아낸다. 두 번째 층의 필터들은 1차 변환된 이 '특징 지도'를 입력받아, 선과 점들이 모여 만들어진 '모서리', '곡선', '동그라미' 같은 더 복잡한 형태를 감지한다.

이러한 과정이 수십, 수백 개의 층을 거치며 반복된다. 더 깊은 층으로 갈수록 AI는 점점 더 복잡하고 추상적인 개념을 학습한다. 예를 들어, '눈'이라는 개념은 동그라미와 곡선들이 특정 방식으로 조합된 패턴으로, '팔'은 직선과 관절점(모서리)이 연결된 패턴으로 인식하게 된다. 마침내 마지막 층에 이르면, AI는 이렇게 학습한 수많은 신체 부위 패턴들을 종합하여 이미지 속 사람의 전체적인 자세, 즉 키포인트들의 위치를 최종적으로 추론해 낸다.

이것이 바로 포즈 추정 기술의 본질이다. AI는 인간처럼 '팔꿈치'라는 개념을 해부학적으로 이해하는 것이 아니라, 수백만 장의 이미지 데이터 속에서 '팔꿈치라고 불리는 것들이 공통적으로 가지는 픽셀 패턴'을 통계적으로 학습한 것이다.

보이지 않는 노동 새로운 창조

AI는 스스로 깨닫는 것이 아니라 지도 학습(Supervised Learning)이라는 방식을 따른다. 이는 수많은 데이터 라벨러들이 수백만 장의 이미지에 일일이 점을 찍어 "이곳이 팔꿈치다"라고 정답을 알려주는, 막대한 규모의 보이지 않는 인간의 노동을 필요로 한다. 즉, AI의 지능은 인간의 지식과 노동이 데이터 형태로 응축된 결과물이다.

이렇게 학습된 AI 기술은 OpenPose나 MediaPipe

Pose와 같은 모델을 통해 구현되며, 추출된 좌표 데이터는 3D 캐릭터에 이식되거나 새로운 움직임을 생성하는 재료가 된다. 최근에는 기존 동작을 분석하는 것을 넘어, 확산 모델(Diffusion Model)을 통해 '재즈 스윙처럼' 같은 조건에 맞는 세상에 없던 움직임을 '생성'하는 단계로 나아가고 있다. 확산 모델은 무작위 노이즈에서 출발해 점진적으로 결과물을 다듬어가는 방식으로, 안정적이고 품질 높은 동작을 만들어 낸다.

분석을 넘어 생성으로: 확산 모델의 등장

지금까지 설명한 포즈 추정 기술이 기존의 움직임을 '분석'하는 것이라면, 최근 AI 기술은 세상에 없던 움직임을 '생성'하는 단계로 진입했다. 그 중심에 바로 확산 모델(Diffusion Model)이 있다.

확산 모델의 원리는 '흐릿한 사진을 선명하게 복원하는 과정'에 비유할 수 있다. AI는 선명한 춤 동작에 의도적으로 노이즈를 추가하여 완전히 무작위한 상태로 만드는 과정을 학습한 뒤, 그 과정을 거꾸로 실행한다. 즉, 아무 의미 없는 노이즈 상태에서 시작하여, 점진적으로 노이즈를 제거하며 '재즈 스윙처럼' 같은 조건에 맞는 새로운 춤 동작을 창조해 내는 것이다. 이는 마치 조각가가 대리석 덩어리에서 불필요한 부분을 깎아내어 작품을 만들어 내는 과정과도 닮았다. 이러한 생성 모델에 대한 더 깊은 탐구는 다음 3장에서 자세히 다룰 것이다.

좌표와 감각 사이

좌표는 춤의 구조를 설명하지만, 그 움직임에 담긴 미묘한 질감이나 감정까지 표현하지는 못한다. 숫자는 개별 순간을 보여줄 뿐, 그 순간들을 연결하는 감정의 흐름을 담아내지 못한다. 이 간극은 여러 지점에서 발생하지만, 특히 다음과 같은 부분에서 두드러진다.

한 프레임의 포즈는 그 자체로 분명하지만, 의미는 이전과 이후의 관계가 정한다. 32카운트 프레이즈의 마지막 포즈가 음악의 가장 강한 비트에 정확히 일치할 때, 그 동작은 좌표상으로도, 감정적으로도 절정이 된다. 하지만 그곳이 왜 절정이어야 하는가 하는 문제는 작품 전체의 이야기, 즉 서사적 맥락이 결정한다. AI는 포즈의 정확성은 판단할 수 있지만, 그 포즈가 가진 서사적 정당성까지 평가하지는 못한다.

인도 고전무용의 '무드라(Mudra)'처럼 특정 문화의 역사와 철학을 품은 상징은 그 문화의 언어를 알아야만 온전히 읽힌다. 한국 춤의 '한(恨)'이나 브라질 춤의 '사우

다지(Saudade)'와 같은 복합적인 정서를 서구식 감정 라벨로 곧장 매핑한다면, 그 안에 담긴 깊은 의미는 왜곡되거나 소실될 수밖에 없다.

데이터는 위치를 기록하지만, 무게를 기록하지는 못한다. 슬픔에 잠겨 무겁게 들어 올리는 팔과, 환희에 차 가볍게 뻗는 팔은 좌표상으로 유사한 궤적을 그릴 수 있다. 하지만 두 움직임의 질감은 완전히 다르다. 이 차이는 근육의 긴장도, 가속과 감속의 미묘한 조절, 그리고 중력을 이겨내는 '힘씀(effort)'에서 비롯된다. 현재의 키포인트 데이터는 이러한 운동역학적 정보를 대부분 놓친다.

춤의 생명력은 호흡에서 나온다. 숨을 들이마시며 에너지를 모으고, 내쉬며 움직임을 터뜨리는 과정은 모든 춤의 프레이징을 만든다. 무용수의 호흡은 음악의 리듬과 일치하기도 하고, 때로는 의도적으로 어긋나며 긴장감을 만들기도 한다. 하지만 카메라에 기반한 대부분의 포즈 추정 기술은 이 결정적인 호흡의 흐름을 데이터로 포착하지 못한다. 숨결이 사라진 데이터는 살아있는 춤이라기보다 정교하게 움직이는 인형에 가깝다.

따라서 실전에서는 좌표의 언어와 감각의 언어를 서로 되번역하는 과정이 필수적이다. '8박에 강세를 주며 마감한다'는 의도(왜)는 '무릎의 탄성을 이용해 시선을 먼저 던진다'는 경로(어떻게)를 거쳐, '어깨 각도 15도, 축 흔들림 2도 이내'라는 표면(얼마나)으로 나타난다. 이 세 가지 질문을 오가며 연습할 때, 움직임은 비로소 깊이를 얻는다. 의도가 없으면 정확함은 공허하고, 정확함이 없으면 의도는 희미해진다.

두 시선의 보완

처음의 질문으로 돌아와, AI의 시선은 무엇을 보는가. 그것은 키포인트의 좌표, 프레임마다 이어지는 궤적, 그 궤적이 모여 이루는 프레이즈의 구조적 '뼈대'를 본다. AI는 춤의 문법을 해부하고 분석하는 데 강력한 도구이며, 인간이 감각만으로는 인지하지 못했던 움직임의 오류나 습관을 객관적으로 보여 준다.

그러나 '춤을 본다'는 경험에는 문법만으로는 채울 수 없는 내용이 있다. 신경 과학의 '거울 뉴런' 개념이 보여 주듯, 우리는 타인의 움직임을 데이터가 아닌 이야기로 읽어 내며 몸으로 공감한다. 움직임의 무게감, 시선의 방향, 호흡의 깊이와 같은 요소들은 좌표로 쉽게 환원되지 않지만, 춤의 의미를 완성하는 결정적인 역할을 한다.

결론적으로 AI의 시선은 춤의 구조적인 골격을 놀랍

도록 정확하게 분석한다. 하지만 그 골격을 살아 움직이게 하는 감각적 경험은 여전히 데이터 너머에 존재한다. 이 두 가지 시각이 서로를 보완할 때, 즉 안무가가 AI의 분석을 비판적으로 수용하여 자신의 감각과 결합할 때, 우리는 춤을 비로소 온전히 이해하게 될 것이다.

용어 노트

AI가 인간의 춤을 데이터로 인식했다면, 그 다음 과제는 이 데이터를 3D 아바타와 같은 가상의 캐릭터에게 이식하는 것이다. 이 과정은 먼저 AI가 춤추는 사람의 움직임을 수많은 키포인트, 즉 어깨, 팔꿈치, 무릎과 같은 주요 관절의 좌표점으로 인식하는 데서 시작한다. 이때 프레임레이트(fps, frames per second), 즉 1초당 얼마나 많은 이미지를 기록하는지가 중요해지는데, 이 수치가 높을수록 빠르고 섬세한 동작을 놓치지 않고 포착할 수 있다. 다만 이 단계에서 신체 일부가 다른 부위에 가려지는 오클루전(Occlusion) 현상이 발생하면, AI가 키포인트를 놓쳐 데이터의 정확도가 떨어지기도 한다.

성공적으로 추출된 키포인트 데이터는 FBX나 BVH와 같은 표준 파일 형식으로 저장된다. 이 파일들은 서로 다른 3D 소프트웨어(Maya, Blender 등)가 서로 '대화'할 수 있게 해 주는 일종의 '데이터 여권' 역할을 한다.

이제 이 데이터를 3D 아바타에 적용하는 리타기팅(Retargeting) 작업이 이어진다. 사람과 아바타는 골격 구조가 다르기 때문에, 인간의 움직임 데이터를 아바타의 뼈대에 맞게 재조정하여 자연스럽게 움직이도록 만드는 것이다. 마지막으로, 아바타의 발이 바닥을 뚫거나 허공을 걷는 것처럼 미끄러지는 현상을 막기 위해 Foot IK 기술로 발의 위치를 바닥에 단단히 고정시키는 보정 작업을 거치면, 비로소 인간의 춤이 가상의 공간에서 생명력을 얻게 된다.

참고문헌

Cao, Z. et al.(2017). Realtime Multi-Person 2D Pose Estimation using Part Affinity Fields. *2017 IEEE Conference on Computer Vision and Pattern Recognition (CVPR).* https://openaccess.thecvf.com/content_cvpr_2017/html/Cao_Realtime_Multi-Person_2D_CVPR_2017_paper.html

Carnegie Mellon University Motion Capture Database. http://mocap.cs.cmu.edu/

Chan, C. et al.(2018). Everybody Dance Now. arXiv:1808.07371. https://arxiv.org/abs/1808.07371

Google Arts & Culture(n.d.). Living Archive: Creating Choreography with AI. https://artsandculture.google.com/story/living-archive-cre

ating-choreography-with-artificial-intelligence-studio-wayne-mcgregor/1AUBpanMqZxTiQ

Google Developers(n.d.). MediaPipe Pose. https://developers.google.com/mediapipe/solutions/vision/pose_landmarker

Güler, R. A. et al.(2018). DensePose: Dense Human Pose Estimation In The Wild. *2018 IEEE/CVF Conference on Computer Vision and Pattern Recognition (CVPR).* https://openaccess.thecvf.com/content_cvpr_2018/html/Guler_DensePose_Dense_Human_CVPR_2018_paper.html

Laws, K.(2002). *Physics and the Art of Dance: Understanding Movement.* Oxford University Press.

Pavllo, D. et al.(2019). 3D human pose estimation in video with temporal convolutions and semi-supervised training. 2019 *IEEE/CVF Conference on Computer Vision and Pattern Recognition (CVPR).* https://openaccess.thecvf.com/content_CVPR_2019/html/Pavllo_3D_Human_Pose_Estimation_in_Video_With_Temporal_Convolutions_and_CVPR_2019_paper.html

Rizzolatti, G. & Craighero, L.(2004). The Mirror-Neuron System. *Annual Review of Neuroscience, 27,* pp.169~192. https://www.annualreviews.org/doi/10.1146/annurev.neuro.27.070203.144230

TED-Ed(2014.11.10). The physics of the hardest move in ballet. YouTube. https://www.youtube.com/watch?v=l5VgOdgptRg

03
코드로 짓는 안무

〈한 안무가의 1년간의 실험 기록〉
스튜디오의 거울 앞에서 수만 번의 호흡과 땀으로 춤을 춘다. 움직임의 모든 마디에는 의도가 있었고, 모든 궤적에는 감정이 실려 있었다. 그런데 어느 날, 모니터 속의 코드가 나와 비슷한 문법으로 말을 걸어오기 시작했다. 무작위의 노이즈 속에서 춤을 만들어 내고, 나의 오랜 습관을 데이터로 분석했다.
나는 1년간의 실험을 기록하기로 결심했다. 이것은 기술에 대한 기록이자, 그 기술 앞에서 흔들리고 고뇌하며 결국 새로운 협업의 방식을 찾아 나선 한 인간에 대한 기록이다.

인공지능과 편향?

경이와 혼란: 기계가 춤을 출 때

2024-01-15 구글의 충격

음악만 들려주었는데 3D 아바타가 장르를 바꾸며 춤을 만든다. 구글의 AI Choreographer는 음악과 3D 춤 데이터를 함께 학습해 "이 음악 다음에는 이런 움직임일 확률"을 계산한다. 화면을 닫고도 한동안 멍했다. 스튜디오에서 나는 '왜 이 동작인가'를 몸으로 증명해 왔다. 그런데 거기엔 또 하나의 경로 — 패턴과 예측 — 가 있었다. 같은 결론을 다른 길로 도달하는 광경이 매혹적이었다.

오늘의 메모: "감각만이 정답은 아니다. 다만 감각이 빠진 정답도 정답은 아니다." 프레이즈의 강세 · 마감 · 전이를 수식으로 쓰는 장면에서, 종이에 적던 내 연습 노트가 다른 언어로 번역되는 기분이 들었다.

2024-01-28 '무'에서 '춤'으로

오늘의 화두는 '무(無)에서 춤으로'였다. 확산 모델(MDM)이 어떻게 무작위한 노이즈 속에서 의미 있는 움직임을 피워내는지, 그 과정이 온종일 머릿속을 맴돌았다. 처음에는 완벽한 동작을 일부러 망가뜨렸다가 다시 복원하는 비효율적인 방식을 왜 택했는지 이해하기 어려웠다.

이제는 안다. 그것은 AI에게 특정 스타일에 치우치지 않는, 무한한 가능성을 지닌 '완벽한 백지'를 주기 위함이었다.

마치 꿈속의 뒤죽박죽인 이미지들 속에서 문득 새로운 아이디어를 발견하는 것처럼, AI도 이 무작위한 데이터의 파편들을 재조립하면서 이전에는 없던 창의적인 움직임을 '발견'해 내는 것이다.

그리고 이 혼돈 속에서 길을 밝혀주는 나침반이 바로 프롬프트였다. 노이즈가 무한한 가능성을 품은 대리석 덩어리라면, 프롬프트는 그 대리석을 깎아낼 정교한 조각칼이었다. '스윙한다/어택한다' 같은 동사를 명확히 할수록, AI는 더 자신 있게 불필요한 노이즈를 걷어내고 내가 원하는 결을 드러냈다.

'무'에서 '춤'을 빚어내는 것. 오늘의 노트에는 이 문장 하나면 충분했다.

2024-02-10 여기 8카운트만 다시 해 보자

리허설의 상수는 "여기 8카운트만"이라는 말이다. 최근에는 '편집형 생성 AI(Editable Generation)'라는 기술이 이 고민을 해결해 주고 있다. 이 기술은 완성된 춤 시퀀스의 전체 흐름은 그대로 유지한 채, 마음에 들지 않는 특정 구간이나 신체 부위(예: 팔 동작)만 새로 생성하여 '부분 수선'하는 것을 가능하게 한다. 스탠퍼드 대학에서 연구한 EDGE(Editable Dance GEneration) 모델이 바로 그 대표적인 예시다. 팔의 프레이징만 교체하고 발 접지 · 축은 보존하는 식의 편집이 가능하다는 점이 특히 좋다. 속도는 빨라졌지만 역설적으로 질문이 늘었다. 기술은 모니터 속 아바타의 팔이 더 역동적인 궤적을 그리는 대안을 순식간에 내놓았다. 하지만 나는 선뜻 '확정' 버튼을 누르지 못했다. 원래의 동작에는 다음 동작으로 넘어가기 위한 미세한 무게중심의 이동과 숨 고르기가 담겨 있었기 때문이다. 바꿀 수 있음(can)과 바꿔야 함(should) 사이의 간극. 오늘의 노트: "효율은 정답을 제안하지만, 정답의 이유까지 알려주지는 않는다."

도구 길들이기: 스튜디오의 새로운 언어

2024-03-05 그루브를 데이터로

2월 내내 EDGE를 만지며 느꼈던 그 미묘한 아쉬움, 즉 기술적으로는 흠잡을 데 없지만 어딘가 '맛'이 살지 않던 그 밋밋함의 원인을 3월에 와서야 어렴풋이 알게 되었다. 이유는 '결'이 부족해서였다. FineDance는 장르 · 구조 라벨을 촘촘히 설계해 같은 120BPM에서도 재즈의 스윙과 힙합의 어택이 다르게 드러나게 한다. 힙합의 각(팝핑 · 록킹)과 재즈의 곡선(스윙 · 릴리즈)이 무릎의 스프링, 팔의 궤도, 마감의 타이밍으로 수치화된다. '느낌'이 단지 신비가 아니라는 사실이 위로가 되었다. 느낌도 훈련되고, 데이터도 결을 배운다. 장르 정의가 구체적일수록 모델의 제안도 구체적이다. "어깨 어택은 2 · 4, 손끝 마감은 8" 같은 문장이 통한다.

2024-03-15 좌표로 가져오기

영상만으로는 '보는 즐거움'에 머문다. 편집하려면 좌표가 필요하다. 2D 포즈를 시간 컨볼루션으로 엮어 3D로 복원하고, 리타기팅으로 캐릭터 본에 입힌 뒤, 발 미끄러짐은 Foot IK로 잡는다. 전이 구간은 3~5프레임 블렌딩으로 매끈하게, 루프는 초입 · 말미의 속도 · 각도를 맞춘다. '볼거리'가 '고칠거리'가 되는 순간, 의도가 또렷해진다. 마감 손끝을 음악의 강세에 포개자 관객의 시선이 그곳에 모였다. 좌표를 손보는 일은, 결국 의도를 가시화하는 과정이다.

2024-04-10 살아 있는 아카이브

웨인 맥그리거와 구글 아트 & 컬처 랩의 Living Archive는 25년치 안무를 임베딩 공간에 펼쳐, 현재 제스처와 이웃한 '다음 동작 후보'를 제안한다. 스튜디오에서는 AI가 제안하고 인간이 선택 · 해석 · 의미를 붙인다. 그 순간 '기술'은 파트너가 된다. 익숙한 습관에서 살짝 비켜난 후보를 골라 붙이면 오래된 나의 길이 아주 조금 다른 풍경을 낳는다. "AI는 내가 보지 못한 나의 패턴을 비춘다" — 패턴을 깨는 것도, 그 깨짐에 제목을 붙이는 것도 결국 인간의 일이다. 무엇보다 팀 전체가 '왜 그 동작인가'를 더 자주 말하게 되었다.

2024-04-25 한국의 길

국내에도 흐름이 있다. 대학생 팀의 오픈소스 연습 도구 Dancify, 안무를 3D 애니메이션 에셋으로 전환해 IP를 설계하는 무브먼트의 시도. 특히 후자는 안무가의 성명 표시 · 정산 구조까지 고민한다는 점이 인상적이다. 한국은 '만드는 기술'만이 아니라 '권리의 언어'를 동시에 세우는 쪽에서 차별화할 수 있다. 오늘의 메모: "데이터는 몸에서 나오고, 수익은 다시 몸으로 돌아가야 한다." 공공 데이터 · 민간 서비스 연결 고리를 투명하게 설계하는 일이 뒤탈을 막는다.

2024-05-24 손에 잡히는 소비자 도구

Pollo AI는 사진을 춤 영상으로, 필모라는 한국어 인터페이스로 간단한 이미지/텍스트→비디오 생성을 돕는다. Krikey AI는 영상→3D 캐릭터 애니메이션으로 변환한다. 접근성은 확실히 좋아졌지만, 빠른 회전에서 팔꿈치가 흔들리고, 복잡한 손가락 표현에서 어색함이 눈에 띈다.

해결책은 의외로 기본에 있다. 촬영 배경을 단순화하고, 조명으로 그림자를 줄이고, 참조 영상을 명확히 제공할수록 결과가 안정된다. 도구의 한계 이전에 입력의 질을 점검한다. 가능하면 다중 시점 영상을 주고, 음악 트랙의 박자 정보를 함께 제공한다.

2024-06-20 가상 캐릭터도 춤춘다

오늘 애니메이션 전문 잡지에서 흥미로운 기사를 읽었다. 소니 픽처스 애니메이션이 〈K-POP: Demon Hunters〉라는 프로젝트를 2025년 공개 목표로 제작 중이라는 소식이었다.

아직 영상이 공개된 것은 아니지만, 기사에 묘사된 '인간 안무와 물리 법칙을 넘어서는 애니메이션의 결합'이라는 콘셉트만으로도 머리가 멍해졌다. 이것은 단순히 잘 만든 3D 춤 영상과는 차원이 다른 문제다. 서사를 가진 가상 캐릭터가 기술의 힘을 빌려 인간의 한계를 넘는 춤을 출 때, 우리는 그를 아티스트로 인정하고 감동을 받을 수 있을까?

기술이 서사를 만날 때, 관객을 설득하는 힘은 어디까지 확장될 수 있을까. 가상 캐릭터가 만드는 K-pop의 완성은 K-dance로 이어질 수 있을까? 내년이 기다려지는 이유가 생겼다.

2024-07-01 현실 점검

"AI로 바로 그 품질이 가능한가?" 짧은 클립 · 단순 동작은 가능, 하이엔드 장면은 여전히 팀의 영역. 모션 캡처, 키프레임, 시뮬레이션, 생성형을 적절히 혼합할 때 설득력이 생긴다. 결론은 분업이다. 가능성 제시와 빠른 스케치는 AI, 완성과 의미는 인간. 빠름이 깊음을 대신하지 못한다. 장면이 클수록 직관보다 체크리스트가 유효했다(발 접지/축/시선/호흡/마감).

2024-07-10 스튜디오 체크리스트

촬영은 단색 배경 · 균일 조명 · 삼각 구도. 카메라는 셔터를 올려 블러를 줄인다. 마커리스 추정은 가림에 약하니, 가능하면 다중 시점을 쓴다. 동작은 큰 골격부터, 손가락 · 표정은 후기. 좌표를 얻은 뒤에는 구조→정서→표면의 순서로 보정한다. 구조(축 · 무게 이동)가 무너지면 정서는 흩어진다. 작은 규칙을 지키면 결과의 신뢰가 눈에 띄게 오른다.

2024-08-01 작은 관객 테스트

두 버전을 소수의 관객에게 보여 주었다. 하나는 모델의 초안 그대로, 하나는 좌표를 손보고 시선 · 호흡을 덧입힌 버전. 반응은 분명했다. 두 번째가 "이야기가 따라왔다." 프레임 속 숫자가 같아도, 움직이는 이유가 보일 때 마음이 움직인다. 다음 실험부터는 '관객 5인 규칙'을 넣는다. 초안 단계에서라도 타인의 눈으로 확인한다.

2024-08-20 도구를 섞는 법

텍스트→영상으로 분위기와 리듬의 큰 물결을 정하고, 영상→모션으로 좌표를 확보한 뒤, 라이브러리 동작을 소량 끼워 넣어 전이를 매끈하게 만든다. 생성형의 예측 가능성은 라이브러리의 안정감으로 보완되고, 라이브러리의 고정성은 생성형의 변주로 풀린다. 어느 쪽이든 마지막 편집은 사람의 손끝에서 끝난다. '왜'가 흐려지면 빠름은 소음이 된다.

인간의 자리: 속도 너머의 질문들

2024-09-05 창의성의 경계

보든의 분류대로 현재 AI는 조합·탐색에 강하다. 규칙을 의도적으로 어겨 새로운 문법을 여는 순간은 아직 사람의 결단에서 나온다. 조용한 음악 위에 돌연 폭발을, 타이트한 그루브 위에 의도적 지연을 얹는 선택. 모델이 제안한 '그럴듯한 다음 한 박' 대신, 낯선 방향으로의 작은 전환이 관객의 호흡을 붙잡는다. 실패의 위험이 있기에 기억에 남는다. 위험을 감수할 문장을 먼저 써 둔다.

2024-11-20 협업 프로토콜

작품의 '왜'(주제·정서·관객 관계)는 인간이 정하고, '어떻게'(변주·스케치)는 AI가 돕는다. 무엇을 채택할지는 다시 인간이 책임진다. 나의 현행 루틴은 문장으로 적으면 이렇다. 음악은 30~60초 구간으로 자르고, AI 초안은 3~5개만 뽑아 안전(무릎·척추)과 구조(축·강세) 기준으로 빠르게 거른다. 문제 구간만 재생성해(팔

프레이징 · 전이 동작 등) 초안의 뼈대를 보존하고, 무용수에 맞춰 레벨 · 방향 · 속도를 재배치한다. 마지막으로 시선 · 호흡 · 어택/릴리즈를 얹어 정서의 방향을 분명히 하고, 리허설 영상을 다시 본 뒤 다음 수정을 정한다. 작을수록 빠르게, 클수록 천천히 — 속도는 AI가, 책임은 인간이 진다.

2024-12-31 연말 정리

속도: 1월의 데모와 12월의 소비자 도구는 다른 시대다.
한계: 장면 맥락 · 정서의 층위 · 규칙 위반은 여전히 인간의 무대다.
핵심: AI는 패턴과 확률, 인간은 의도와 관계. 두 축이 맞물리면 스튜디오는 더 빨라지고 무대는 더 깊어진다. 거울에 비친 손은 코드가 그렸어도, 거울 앞에서 춤추는 존재는 언제나 우리였다. 다음 작품의 첫 페이지에 적는다. “좌표는 골격, 감각은 결 — 둘이 겹칠 때 안무가 된다.” 그리고 한 줄을 덧붙인다. “속도는 AI가, 책임은 인간이. 그 책임이란, 수많은 가능성 중에서 단 하나의 움직임을 선택하고, 그 선택이 관객의 마음에 어떤 파장을 일으킬지 끝까지 상상하는 일이다.”

나는 1년 전 엄청난 기술 앞에서 경외롭기까지 했다. 1년이 지난 지금, 나는 여전히 경이로움을 느끼지만 더 이상 두렵지는 않다. 기술은 나의 패턴을 비추는 새로운 거울이 되었고, 나의 의도를 시험하는 날카로운 질문이었다. 답을 주는 현자가 아니라, 더 깊은 질문을 던지는 파트너였다.

우리는 이제 속도와 의미, 패턴과 의도 사이에서 춤추는 법을 안다. 거울에 비친 것이 코드의 결과물일지라도, 그 앞에서 숨을 쉬고, 시선을 보내고, 마침내 의미를 부여하는 존재는 인간이다. 안무는 계속될 것이다. 인간의 손과 기계의 코드 위에서, 전보다 더 넓어진 무대 위에서.

현실이 된 예측

2025년 6월에 공개된 소니 픽처스 애니메이션의 〈K-POP: Demon Hunters〉는 그야말로 센세이션을 일으켰다. 공개 직후 넷플릭스 상위권을 차지했고, 작중 그룹의 음원은 실제 음악 차트에 진입했다. "가상 캐릭터의 춤도 감동을 줄 수 있다"는 가능성이 완벽하게 증명된 것이다. 뼈대는 리듬과 동선 설계지만, 살결은 연기와 연출이 붙인다. 기술이 관객을 설득하는 순간은 언제나 맥락이 완성될 때다. '실감'은 좌표의 정확함에서 시작해, 표정 · 시선 · 호흡으로 완성된다.

용어 노트

AI가 춤을 만들고 3D 캐릭터로 구현하는 과정에는 여러 핵심 기술들이 순서대로 사용된다. 우선 AI는 수많은 춤 동작 데이터를 학습해, 비슷한 움직임끼리 서로 가깝게 모아두는 자신만의 '가상 도서관'을 만든다. 이것을 임베딩 공간이라고 부른다. 이는 AI가 춤의 스타일과 패턴을 이해하는 기반이 된다.

사용자가 '프롬프트(Prompt)'라는 텍스트로 '신나는 느낌의 춤'을 지시하면, AI는 이 도서관의 정보를 바탕으로 무작위 데이터(노이즈)를 점차 다듬어 새로운 동작을 창조하는데, 이것이 '확산 모델'의 원리다.

만약 생성된 춤의 특정 부분(예: 팔 동작)만 수정하고 싶을 때, 전체를 바꾸지 않고 그 부분만 정교하게 다시 만들어 내는 기술이 바로 EDGE이다.

이렇게 완성된 움직임은 사람과 체형이 다른 3D 캐릭터에게 맞도록 옷을 맞추듯 조정하는 '리타기팅'을 거친다. 그리고 캐릭터의 발이 바닥을 미끄러지지 않도록 단단히 고정하는 'Foot IK' 기술을 적용하면 최종적으로 자연스러운 3D 댄스가 완성된다.

이러한 원리들은 Dancify와 같이 네이버 부스트캠프 AI Tech 과정에서 개발된 AI 댄스 연습 도구에도 응용된다. 이 도구는 사용자의 움직임을 전문가와 비교해 주며 학습을 돕는다.

참고문헌

최태범(2024). "무브먼트 "'세븐틴·BTS' 안무가-현대무용가 손잡은 스타트업, 시드투자 유치"". 유니콘팩토리. https://www.unicornfactory.co.kr/article/2024052113542553010

Boden, M. A.(2004). *The Creative Mind: Myths and Mechanisms*. Routledge.

Google AI Blog(2022). Li, R. et al.(2021). AI Choreographer: Music Conditioned 3D Dance Generation with AIST++. *2021 IEEE/CVF International Conference on Computer Vision (ICCV)*, pp.13381~1339.

Kasey Moore(2024). Netflix Animated Movies Coming in 2024. https://www.whats-on-netflix.com/coming-soon/animated-movies-coming-soon-to-netflix/

Kasey Moore(2024). 'K-Pop: Demon Hunters': Everything We Know About The 2025 Animated Netflix Movie. https://www.whats-on-netflix.com/news/k-pop-demon-hunters-everything-we-know-about-the-2025-animated-netflix-movie/

Krikey AI. https://www.krikey.ai/

La Vida, D.(2023). Wondershare Filmora AI Video Editor Review.

TechRadar.
Li, R. et al.(2022). AI Choreographer: Music Conditioned 3D Dance Generation with AIST++. Google AI. https://google.github.io/aichoreographer/
Li, R. et al.(2023). A Fine-grained Choreography Dataset for 3D Full-body Dance Generation.
Pollo AI. https://pollo.ai/
Project Dancify. https://github.com/junnn327/Dancify
Tevet, G. et al.(2022). Human Motion Diffusion Model. https://arxiv.org/abs/2209.14916
Weng, L.(2024). Editing Dance Generation. Lil'Log. https://lilianweng.github.io/posts/2024-04-12-diffusion-video/
Wondershare Filmora. https://filmora.wondershare.net/

04
함께 추는 춤: 인간-기계 협업

CALL TO STAGE

조명이 서서히 올라간다. 무대 정면에는 빈 의자 하나, 후면에는 커다란 스크린. 오늘의 파트너는 몸과 알고리즘이다. 우리는 알고 있다. 악보만으로 음악이 완성되지 않듯, 좌표만으로 춤은 완성되지 않는다. 어떻게 설계해야 '기계'가 방해물이 아니라 파트너가 되는가. 우리는 잠시 평범한 글의 형식을 벗어나 실제 공연의 큐시트(Cuesheet)를 함께 읽어보려 한다.

큐, 막을 올린다.

청각장애인과 AI?

우리는 다섯 개의 장면으로 그 답을 살필 것이다. ① 재료 제안형 ② 상호작용형 ③ 물리 공동수행형 ④ 환경 반응형 ⑤ 가상공간형. 그리고 실전 설계 지침(감지-해석-응답), 감정과 평가, 안전·권리를 점검한 뒤, 다시 질문으로 돌아와 막을 내린다.

SCENE A-재료 제안형: Living Archive

LX 01: 무대 중앙, 안무가와 두 무용수. 후면 스크린 대기.

IN(입력): 장기간 축적된 안무·리허설 아카이브를 학습해 움직임 임베딩 공간(유사한 움직임이 가깝게 배치되는 수치 지형)을 구축한다. 현장에서 무용수의 제스처가 들어오면, 임베딩 공간에서 '다음 동작 후보'가 검색된다.

PROC(처리): 화면에 4~8개 후보가 카드처럼 뜬다. 연결성/호흡/마감 강세 등 가중치를 바꿔 후보 리스트를 새로고침할 수 있다(실연자의 손에 선택권이 돌아오도록).

OUT(출력): 안무가는 ②(구조 선명)와 ⑤(호흡 유연)를 몸으로 시험하고, 마감 타점을 음악 프레이즈와 재정렬한다. AI는 재료와 관점을, 인간은 의미와 결정을 맡는다—이 원칙이 리허설의 속도를 끌어올린다.

리허설 노트: 후보 선정 기준을 언어화하라(예: "득점: 전이 40 · 호흡 30 · 강세 30"). 말로 걸러진 기준은 다음 세션의 탐색 속도를 배로 높인다.

후보를 바로 채택하지 말고 '몸 검증 2회전'(솔로→듀오)을 거쳐라. 몸이 '붙는' 후보는 두 번째 회전에서 드러난다.

트러블 슈팅: 후보가 과도하게 비슷해진다면: 임베딩 거리 임계값을 올려 다양성을 강제한다.

후보가 맥락을 벗어나면: 현재 프레이즈의 목표 정서/호흡 길이를 조건으로 추가한다.

SCENE B-상호작용형: Human-AI Co-Dancing

SFX 02: 템포 +2%, 라이브 즉흥의 긴장도 상승.

IN: 웹캠 기반 포즈(랜드마크), 리듬/프레이즈, 무용수 간 상대 거리 및 무대 좌표.

PROC: 두 축을 병치한다.

규칙 매핑(투명성↑): "왼팔 어택↑→오른발 스텝↓", "허리 회전↑→조명 회전 패턴↑"처럼 제스처-결과가 관객에게도 읽히도록 배선.

제한적 생성(우발성 관리): 확률적 변주를 좁고 깊게 허용(장르·템포·길이 등 조건으로 의도된 우발만 통과).

OUT: 가상 파트너가 때로 앞박으로 선행해 인간의 다음 스텝을 끌어내고, 때로는 인간의 밀림을 빛·소리 강조로 되쫓아 전이를 매끈하게 붙인다. 관객은 "둘이 서로를 민다/받는다"는 상보성을 본다.

리허설 노트:

목표: 총 지연 시간 대략 100ms 이하(센싱→해석→출력 합산).

기준: 일반 HCI의 즉각성 경계는 0.1/1/10초, 음악 협연 연구는 수십 ms 지연에서도 템포·타이밍 영향 보고.

예산 배분 예시: 센싱 20ms / 해석 40ms / 출력 30ms / 네트워크 10ms.

트러블 슈팅: 반응이 "한 박 늦다": 버퍼 길이와 후처리 필터를 줄이고, 생성 모드 대신 규칙 매핑의 가중치를 높인다.

제스처-결과가 불투명하다: 매핑을 일대일로 단순화("양손↑→음향 컷오프"), 관객이 즉시 읽는 경험을 먼저 쌓아라.

SCENE C-물리 공동수행형: Huang Yi & KUKA

LX 03: 로봇 암(Arm) 웨이크업. 속도/토크 리밋 활성.

IN: 로봇의 사전 궤적+무용수 체중·리듬 정보를 리허설에서 반복 보정.

PROC: 회전·리프트·의탁에서 미세 타이밍 조율로 인간 신체 리스크 최소화. 로봇의 정밀 반복성과 인간의 미세 변동성이 중첩될 때, 관객은 균형과 의탁의 정서를 읽는다.

OUT: 차가운 금속이 따뜻한 피부를 든다—이 장면은 '기계=차가움' 고정관념을 깨뜨린다. 관객은 감정의 환유를 경험한다.

안전 프로토콜: 충돌 영역·비상정지(E-stop)·리셋 포즈 문서화.

리허설 중 속도→토크→경로 순으로 완화/강화 조정(급격한 복합 조정보다 순차 조정을 권장).

트러블 슈팅: 공포 반응으로 근육이 굳는다: 첫 회전은 하강 토크 최소·회전 각도 축소.

로봇 타이밍이 앞선다: 인간의 반응 시간을 고려해 선행 오프셋을 음향 큐와 동기화.

SCENE D–환경 반응형: Chunky Move 〈Glow〉

VID 01: 무용수 궤적을 비디오 트래킹, 실시간 프로젝션으로 증폭.

IN: 동작의 속도 · 방향 · 밀도가 시각 매개변수로 매핑.

PROC: 인터랙션 시스템(프리더 바이스)이 제스처-결과의 관계를 설계—단순하지만 해석 가능한 대응을 우선 배치.

OUT: 느린 호흡에는 잔잔한 파동, 급격한 어택에는 폭발적 효과. 몸-빛-공간의 대화 자체가 안무의 재료가 된다.

리허설 노트: 매핑 투명성을 확보하라—관객이 "왜 저 빛이 났는지" 감각적으로 읽게 만들면, 정서 전달력이 급상승한다.

무용수에게 시각 피드백(반응 지연/강조)을 설명하고, 의도적으로 밀기 · 당기기를 시험해 보는 루틴을 운영.

SCENE E—가상공간형: Virtual Crossings

LX 05: 관객 HMD 착용, 신 로딩.

IN: 실제 무용수의 모션 캡처 데이터+AI 생성 움직임.

PROC: 같은 공간에서 인간 아바타와 AI 아바타가 공존—때로는 모방, 때로는 인간의 물리 한계를 넘는 초현실적 도약.

OUT: 관객은 인간/비인간 경계를 잊고 움직임 자체

에 몰입한다.

리허설 노트(몰입 · 안정):

HMD 멀미 방지: 카메라 가속/회전 제한, 프레임레이트 90Hz 이상 권장.

관객 동선 안내: 체험 길이와 시선 유도를 사전에 공지(몰입은 안내에서 시작된다).

TECH RIDER-설계 3층: 감지→해석→응답

- RIDER-1 **감지**(Sensing): 무엇을 읽는가.

• 몸: MediaPipe Pose로 33 랜드마크(어깨 · 팔꿈치 · 무릎 · 발목 등)를 모바일에서도 실시간 추정.

• 음악: 비트 · 강세 · 프레이즈 · 섹션(verse/chorus) 분석-마감 강세 맞추기는 정서 명료화의 지름길.

• 공간: 무대 좌표 · 상대 거리-근접/이탈은 정서 전환 신호로 활용.

• **지연 시간 예산:** 일반 HCI의 즉각성 경계는 0.1/1/10초. 공연 설계는 ≈100ms 이하 목표, 음악 협연은 수십 ms도 민감.

• RIDER-2 해석(Interpreting): 무엇으로 바꾸는가.

• 규칙 기반: 명시적 매핑으로 예측 가능성을 확보하고, 관객이 관계를 읽도록 한다(표현 이해도↑). 생성 기

반: 확산 모델(MDM)은 다양성 강점, 제어 난이도↑→장르/템포/길이 조건으로 의도된 우발만 허용.

• 편집 기반: EDGE로 완성 시퀀스의 특정 구간/관절만 재생성(예: 8~12초 팔 프레이징). 리허설 효율 극대화.

• RIDER-3 응답(Responding): 어떻게 보여 주는가.

◆ 가상 파트너: 스크린 · 아바타 · 홀로그램—관계가 보이게 연출.

• 물리적 파트너: 로봇 · 모바일 오브제—속도/토크 리밋, 충돌 회피, 리셋 포즈 문서화.

스크린이나 홀로그램 같은 가상 요소와 구별되는, 물리적 제약과 한계가 있는 파트너.

• 환경 반응: 조명 · 음향 · 프로젝션—결정적 골격+제한적 변주 병치로 서사 유지와 생동감을 동시에.

NOTES ON EMOTION—감정 없는 AI vs 감정 기반 춤

춤은 내적 상태가 몸짓으로 번역되는 예술이다. 다마지오는 '몸의 느낌'이 의식과 판단의 바탕임을 말한다. AI는 좌표 · 속도 · 확률을 다루지만 경험으로서의 정서는 가지지 않는다.

그러나 관객 반응은 맥락과 선입견에 큰 영향을 받는

다. 컴퓨터 생성 안무에 대한 미적 반응 연구는, 안무의 출처 정보(인간/기계)만으로도 평가가 달라질 수 있음을 보인다.

현장 전략

정서를 '직접' 흉내 내려 하지 말고, 호흡 · 시선 · 어택/릴리즈 등 인간적 디테일을 전면에 두어 정서의 방향을 명시하라.

AI는 구조 · 변주의 속도와 폭을 담당—속도는 AI가, 책임은 인간이 진다.

관객 안내문 · 프롤로그에서 관계의 문법을 암시하면 감상 이해도가 오른다("우리는 서로를 민다/받는다—이것이 인간-기계 협업의 시작이다").

SAFETY & RIGHTS—안전·윤리·권리 프로토콜

• **안전(물리 협업)**: 속도/토크 한계, 충돌 영역, 리셋 포즈 · E-stop 시나리오 사전 합의. 로봇 · 모바일 오브제는 순차 조정 원칙(속도→토크→경로)으로 안정화.

• **데이터 출처 · 동의**: 학습 · 2차 활용 범위, 공개 범위, 크레디트 표기 원칙을 계약서에 명시—리허설 단계

부터 서면 동의 확보.

• **권리:** 안무 · 모션 IP, 협업 크레디트, 2차적 저작물 작성권을 명문화(특히 공동 창작물).

• **프로덕션 문서화:** 레이턴시 예산표 · 매핑 규칙표 · 비상 절차를 테크 바이블로 쌓고 매 공연 전 업데이트.

용어 노트

최근 디지털 엔터테인먼트 분야에서는 사용자의 데이터와 창작물의 권리를 둘러싼 새로운 윤리적 논의가 활발히 이루어진다. 그 중심에는 에픽게임즈(Epic Games)의 게임 '포트나이트'가 대중화시킨 '이모트(Emote)'가 있다. '이모트'는 게임 속 캐릭터가 감정을 표현하기 위해 추는 짧은 춤이나 제스처를 말하는데, 이것이 실제 안무가의 저작권을 침해하는지에 대한 법적 분쟁이 발생하며 큰 화제가 되었다.

이러한 논쟁은 비단 저작권 문제를 넘어, 기업이 사용자의 데이터를 어떻게 다루는지, 그리고 춤 동작 데이터를 AI 학습에 책임감 있게 활용하기 위해 어떤 법적 · 윤리적 원칙을 지켜야 하는지에 대한 질문으로 확장된다.

그 첫걸음은 '충분한 정보에 기반한 동의(Informed Consent)'다. 이는 데이터 수집 전에, 정보의 사용 목적과 범위, 보관 기간, 그리고 언제든 동의를 철회할 수 있다는 사실을 당사자(무용수)에게 명확히 설명하고 자발적인 허락을 얻는 절차를 의미한다. 이와 대조적으로, 서비스 이용 동의 과정에서 자주 사용되는 '옵트 아웃 시스템(Opt-out System)'은 사용자가 '거부' 의사를 따로 밝히지 않으면 정보 수집이나 활용에 자동으로 동의하는 것으로 간주하는 방식이다. 이는 사용자가 자신도 모르게 데이터 활용을 허락하게 될 수 있다는 점에서 많은 윤리적 논의를 낳고 있다.

동의를 얻었다고 해서 데이터를 마음대로 쓸 수 있는 것은 아니다. '목적 제한' 원칙에 따라, 수집 당시 고지했던 특정 목적(예: '이 안무 연구를 위해서만 사용')의 범위 내에서만 데이터를 처리하고 재사용해야 한다.

개인정보를 보호하면서도 데이터의 연구적 가치를 활용하기 위해 '가명 정보'라는 개념이 사용된다. 이는 이름이나 연락처 같은 직접적인 식별 정보를 제거하여, 추가 정보 없이는 특정 개인을 알아볼 수 없도록 데이터를 가공하는 것을 말한다. 한국의 데이터3법에서도 이 가명 정보는 통계나 연구 목적으로 활용될 수 있도록 규정하고 있다.

마지막으로, 이 모든 과정의 투명성을 보장하기 위한

문서가 바로 '데이터 시트(Data Sheet)'다. 이 문서에는 데이터세트가 어떻게 수집되었고, 어떤 권리 관계를 포함하며, 사용 시 어떤 제한 사항이 있는지 등을 표준 양식으로 명확히 공개하여, 누구나 데이터의 맥락과 사용 조건을 확인할 수 있도록 한다.

참고문헌

CM Archive. Glow 2006.
https://cmarchive.net/list-of-works/glow

Damasio, A.(2010). *Self Comes to Mind.* Knopf Doubleday.
https://books.google.com/books/about/Self_Comes_to_Mind.html?id=aZNIb9Mn2OcC

Darda, K. M. & Cross, E. S.(2023). The computer, a choreographer? Aesthetic responses to randomly-generated dance choreography by a computer. *Heliyon, 9*(1).
https://www.sciencedirect.com/science/article/pii/S2405844022040385

Experiments with Google(2019). Living Archive by Wayne McGregor.
https://experiments.withgoogle.com/living-archive-wayne-mcgregor

Fels, S. et al.(2002). Mapping transparency through metaphor. *Organised Sound, 7*(2).
https://www.cambridge.org/core/journals/organised-sound/article/abs/mapping-transparency-through-metaphor-towards-more-expressive-musical-instruments/6A0DCDB

0E31E7C01AEEA29427EA7F42A

Frieder Weiss(2006). Glow.
https://www.frieder-weiss.de/works/all/Glow.php

Gilles Jobin Company(2020). Virtual Crossings.
https://www.gillesjobin.com/creation/virtual-crossings/
https://www.groningermuseum.nl/en/art/exhibitions/virtual-crossings

Google Arts & Culture(n.d.). Living Archive: Creating Choreography with AI.
https://artsandculture.google.com/story/living-archive-creating-choreography-with-artificial-intelligence-studio-wayne-mcgregor/1AUBpanMqZxTiQ

Google.(n.d.). MediaPipe Pose – 33 Landmarks.
https://colab.research.google.com/github/HanifaElahi/Mediapipe/blob/main/Pose_Mediapipe.ipynb

Nielsen, J.(1993). Response Times: The 3 Important Limits. Nielsen Norman Group.
https://www.nngroup.com/articles/response-times-3-important-limits/

Pataranutaporn, P. et al.(2024). Human-AI co-dancing: Evolving cultural heritage through collaborative choreography with generative virtual characters. *Proceedings of the 9th International Conference on Movement and Computing.*
https://www.media.mit.edu/publications/human-ai-co-dancing-evolving-moco2024/

TED(2017). Huang Yi & KUKA: A human-robot dance duet.
https://www.ted.com/talks/huang_yi_kuka_a_human_robot_dance_duet

Tevet, G. et al.(2022). Human Motion Diffusion Model. https://arxiv.org/abs/2209.14916

Tseng, J. et al.(2022). EDGE: Editable Dance Generation from Music. https://arxiv.org/abs/2211.10658

Tsioutas, K.& Xylomenos, G.(2023). Assessing the Effects of Delay to NMP via Audio Analysis. *SN computer science, 4*(2). https://pmc.ncbi.nlm.nih.gov/articles/PMC9791973/

Wikipedia. Chunky Move. https://en.wikipedia.org/wiki/Chunky_Move

05
법정 드라마: 춤이 데이터가 될 때

등장인물

판사: 움직임의 권리를 처음 다루는 법정의 주재자.

원고: 무용수 A("내 몸은 내 것인가?"를 묻는 사람).

피고: AI 연구회사(대규모 춤 데이터로 모델을 학습).

증인: 연구자, 법학자, 댄스스쿨 운영자.

"춤추는 몸이 숫자가 되었을 때, 그 숫자는 누구의 것인가. 시작합시다."

AI 콘텐츠 크리에이터?

제1막-춤이 숫자가 되는 순간

법정 개시. 2025년 10월 개정(開廷)

서기: 사건 번호 5-2025. '춤추는 몸(원고) 대 데이터 시스템(피고)'. 개정합니다.

판사: 이 재판의 핵심 질문은 하나입니다: 춤추는 사람이 자신도 모르는 사이에 데이터가 될 때, 그 책임은 누구에게 있는가?

[증인1: 연구자 등장]

검사: AIST++이 무엇인지 설명해 주십시오.

증인1(연구자): 구글이 2021년 공개한 3D 춤 동작 데이터세트입니다. 30명 무용수의 5.2시간 분량이 1010만 개의 좌표로 변환되었죠.

검사: 그 과정에서 무엇이 사라집니까?

증인1: [침묵. 그리고 천천히] 모든 것입니다. 그 무용수의 이름. 그 춤이 왜 만들어졌는지. 그 날씨, 그 계절, 그 감정. 그 무용수가 느낀 통증. 남는 것은 뼈와 관절의 각도뿐입니다.

판사: 그 30명의 무용수는 자신들이 데이터가 될 줄 알았습니까?

증인1: 모릅니다. 촬영 당시 무용수들에게 '미래에 AI 학습에 쓰일 수 있다'고 고지하지 않았습니다.

판사: 그렇다면 이것은 핵심 질문입니다: 기술이 없었을 때의 동의로, 기술이 생긴 후의 행동을 정당화할 수 있는가?

제2막-누가 동의했는가

[증인2: 법학자 등장]

검사: GDPR에서 춤 동작은 개인정보에 해당합니까?

증인2: 복잡한 문제입니다. GDPR 제4조에 따르면, 개인정보는 '식별된 또는 식별 가능한 자연인에 관한 모든 정보'를 의미합니다. 춤 동작으로도 개인을 식별할 수 있습니다.

검사: 어떻게?

증인2: [스크린에 영상] 이것은 같은 10초 춤을 3명의 다른 무용수가 춘 것입니다. 걸음걸이, 손의 속도, 몸의 기울기가 모두 다릅니다. 생체 인식 기술로는 이 특징들로 개인을 구별할 수 있습니다. 마치 지문이나 홍채처럼요. 따라서 춤 동작이 '개인 인식 가능성'을 가지면 생체정보의 특성을 띱니다.

[증인3: 댄스스쿨 운영자 등장]

검사: 현장에서는 어떻습니까?

증인3: 학생들이 자연스럽게 스마트폰으로 루틴을 녹

화합니다. 그런데 한 학생이 수업 영상을 TikTok에 올렸습니다. 60만 뷰가 나왔는데, 그 영상 속에는 다른 학생 5명이 있었습니다. 미성년자들이 동의한 적이 없습니다.

검사: 어떤 조치를 취하고 계십니까?

증인3: 저는 영상 촬영 전에 동의서를 받습니다. 촬영 목적, 올릴 장소, 다른 사람이 나온 영상인지 여부, AI 학습 이용 가능 여부 등을 명시합니다. 특히 미성년자의 경우 보호자 서명이 필요합니다. 요즘은 개인정보 · 이미지 처리에 별도 동의 절차를 두고, 삭제 권리와 활용 범위를 안내합니다. 실제로 영국의 여러 댄스스쿨이 GDPR 정책을 웹사이트에 공개하고 있어요.

변호인: 공개 SNS의 영상은 누구나 볼 수 있는 정보입니다.

증인2: 보는 것과 학습 · 2차 활용은 완전히 다른 문제입니다. 목적 제한과 재사용 동의가 핵심입니다.

판사: 결국 이것이 핵심입니다: 동의 없이는 기술 발전도 윤리도 모두 불가능하다는 것. 하지만 동의도 완벽하지 않습니다. 왜냐하면 미래를 모르기 때문입니다.

제3막-문화와 존엄의 약탈

[증인4: 무용수 본인 증언]

검사: 자신을 소개해 주십시오.

증인4(원고 무용수): 저는 2000년부터 현대무용을 했습니다. 이제 50대입니다. 국내외 공연을 했고, 대학원에서도 가르칩니다. 작년 겨울, 어떤 연구자가 저를 찾아왔습니다.

검사: 그들이 뭐라고 했습니까?

증인4: "당신의 춤이 AIST++에 포함되어 있습니다. 그걸 우리가 Bailando라는 AI 모델의 학습 데이터로 사용했습니다. 이제 당신의 춤 스타일을 따라하는 AI가 있습니다"라고 했습니다.

검사: 당신의 반응은?

증인4: [목이 메인다] 배신감이었습니다. 내가 50년을 배워 만든 '나만의 움직임'이, 나도 모르는 사이에 기계에 복제되었다는 생각이 들었어요. 마치 내 얼굴이 몰래 촬영되어 누군가의 얼굴 인식 모델을 학습시키는 것처럼요.

검사: 그 AI가 생성한 춤을 봤습니까?

증인4: [스크린에 영상] 네. 이게 저의 원본 춤이고, 이게 AI가 생성한 춤입니다. AI의 춤은 제 춤의 특성을 정확히 따르고 있습니다. 제 팔의 파동, 제 회전의 속도, 제 무게 이동의 리듬…. 모두요. 당신은 경험이 없을 거 같습니다. 자신의 '서명(signature)'이 도용되는 경험. 기술적으로는 '위조'가 아니라고 할 수 있습니다. 하지만 도덕적으로는, 당신의 정체성이 빼앗긴 것입니다.

[증인5: 문화 인류학자 - 전통춤의 약탈]

검사: 한국의 전통춤이 AI 학습 데이터에 어떻게 포함되었는지 설명해 주십시오.

증인5: [무거운 톤으로] 한국 전통춤 영상들이 공개 데이터베이스에 올라갔습니다. 그 영상들에는 500년의 춤 역사가 담겨있었는데, AI 회사들이 그것을 다운로드해서 모델을 학습시켰습니다. 이제 그 AI는 '아시안 스타일 춤'을 생성합니다.

검사: 그것이 왜 문제입니까?

증인5: [깊게 숨 쉬며] 맥락이 사라지기 때문입니다. 한 춤 동작이 언제 만들어졌는가, 왜 만들어졌는가, 어떤 역사를 담고 있는가, 그 춤을 배울 때 무엇을 배우는가…. 모든 것이 제거되고 '통계적 패턴'만 남습니다. 결국 AI가 생성하는 것은 어떤 실재 문화도 아니라, 모든 문화의 평균 같은 것입니다. 그것은 문화라기보다 약탈입니다.

증인5(계속): 한국 살풀이춤을 예로 들면, 이 춤은 조선시대 여인의 한(恨)에서 나왔습니다. 그 감정을 손짓과 몸짓으로 표현합니다. 하지만 AI는 '손짓의 곡선'만 학습합니다. 한(恨)을 배우지 못합니다. 따라서 AI가 생성하는 춤은 '아름다운 손짓'이지, '살풀이춤'이 아닙니다.

검사: [배심원을 향해] 여러분, 아름다운 손짓이 문화입니까? 문화는 누구의 것입니까?

제4막-기술과 인간의 타협

[증인6: 한국 개인정보 보호 전문가]

검사: 학술 데이터베이스의 면책 조항은 어떤가요?

증인5: 키프로스 대학 DB에 'We do not guarantee the quality'라는 조항이 있어요. 공급자에겐 방패지만, 데이터 제공자에겐 불리할 수 있죠.

검사: 한국은 어떻게 대응하고 있습니까?

증인6(한국 개인정보 보호 전문가): 2020년 데이터3법을 시행했습니다. 'AI 활성화'를 목표로 하면서도 윤리를 지키려고 했습니다. '가명 정보'라는 개념을 도입했는데, 추가 정보 없이는 개인을 특정할 수 없도록 처리한 정보는 동의 없이도 통계 · 연구 · AI 개발에 사용할 수 있습니다.

검사: 춤 동작도 그렇게 처리할 수 있습니까?

증인6: 무용수의 고유한 움직임 스타일도 개인을 식별할 수 있는 생체 정보로 볼 여지가 있어서, 가명 처리가 필요할 수 있습니다.

검사: 윤리적 기준은 어떻습니까?

증인6: 과기정통부가 2020년 'AI 윤리 기준'을 발표하면서 '다양성 존중' 원칙에서 성별, 지역, 인종 등에 따른 편향을 최소화하도록 했는데, 특정 지역이나 성별의 춤만으로 AI를 학습시키면 편향된 결과가 나올 수 있다는 우려를 반영한 것입니다.

변호인: 한국의 규제가 AI 연구를 제약하지는 않습니까?

증인6: 오히려 신뢰할 수 있는 환경을 만들어 장기적으로는 도움이 됩니다. 다만 K-POP 안무의 해외 무단 사용 같은 국제적 분쟁에서는 여전히 한계가 있어요.

검사: 미래는 어떤 방향이어야 합니까?

증인5: 투명한 데이터 시트가 필요합니다. 누가, 언제, 어떤 목적으로 수집했는지, 참여자들이 어느 범위까지 동의했는지, 상업적 이용은 가능한지, 문제가 있을 때 누구에게 연락해야 하는지 같은 정보들이죠. 면책 조항은 제공자를 법적으로 보호합니다. 하지만 데이터 시트는 제공자를 윤리적으로 보호합니다. 더 나아가, 신뢰를 구축합니다. 앞으로의 경쟁은 '기술'이 아니라 '신뢰'일 것입니다.

제5막: 결말–최후 변론과 판결

[검사의 최후 변론]

검사: [천천히 일어나며 원고를 본다] 당신이 5세 때부터 춤을 추었다고 했습니다. 50년. 50년이라는 시간이 한 사람의 몸에 어떤 의미인지 알겠습니까? 그것은 단순한 '기술'이 아닙니다. 그것은 역사입니다. 기억입니다. 존엄입니다.

첫 선생님의 손길. 대회 무대 앞의 떨림. 당신의 딸을 처음 안고 느낀 그 새로운 무게와 중심. 무릎 통증이 시작되던 어느 날 밤. 그리고 마지막으로, 당신이 춤을 '학습'하는 것이 아니라 '기억'한다는 깨달음. 이 모든 것이, 1010만 개의 좌표로 변환되었습니다. 좌표에는 이것들이 없습니다.

왜 그 발걸음이 나왔는가. 그 손짓이 어디를 그리고 싶었는가. 그 순간의 호흡이 얼마나 깊었는가.

좌표는 뼈 구조입니다. 하지만 춤은 전체 역사입니다.

[이제 변호인을 본다] 피고는 말했습니다. "우리는 개별 프레임을 복제하지 않았다. 우리는 통계적 패턴만을 추출했다."

만약 내가 당신의 얼굴 이미지 천 장을 다운로드해서 '평균 얼굴' 하나를 만들었다면? 기술적으로는 '개별 얼굴을 복제한 것이 아니라 통계적 평균만을 추출했다'고 할 수 있을까요? 법적으로도, 도덕적으로도 아닙니다. 왜냐하면 그 '평균'은 결국 당신 모두를 포함하고 있기 때문입니다.

[마지막 말] 판사님. 우리가 요구하는 것은 세 가지뿐입니다.

첫째, 충분한 정보에 기반한 동의.

'당신의 춤을 AI 학습에 사용하겠습니다.' 단 한 문장입니다.

둘째, 맥락과 크레디트의 보존.

'김무용, 서울, 2024년, 한국 현대무용'이라고 적어두는 것. 이것도 단 몇 줄입니다.

셋째, 공정한 이익 공유.

당신의 춤으로 만든 AI가 수십억 달러의 가치를 창출한다면, 당신에게 한 푼의 보상도 없는 것이 정당한가요?

모르는 것은 거절할 수 없습니다.

따라서 우리가 첫 번째로 요구하는 것은 단순합니다. '알려 주십시오.'

그 다음의 모든 것은 거기서 시작됩니다. 감사합니다.

변호인: 재판장님. 우리도 이 문제의 심각성을 알고 있습니다. 다만, 우리가 제안한 '옵트 아웃 시스템'으로 기술과 인간 모두를 지킬 수 있다고 믿습니다. 또한 집단적 크레디트 시스템과 수익의 2~3%를 춤 발전 기금으로 조성하는 방식을 제안합니다.

검사: [아주 짧게] 재판장님, 한 가지만 묻겠습니다. 변호인이 말한 '옵트 아웃 시스템'은요, 당신이 이미 데이터로 학습된 이후에, '거부'할 수 있다는 것입니다. 하지만 이미 학습된 모델에서 개인의 흔적을 빼낼 수 있습니까? 불가능합니다. 따라서 '사후 동의'는 진정한 선택지가 아닙니다. 감사합니다.

[판사의 판결]

판사: [침묵. 3초. 다시 원본 춤과 생성 춤 영상을 본다]

본 재판부는 다음과 같이 권고한다.

권고 1. 명확한 사전 동의.

앞으로 춤 데이터를 수집할 때: 목적, 범위, 기한, 철회 경로를 '쉬운 언어'로 제시.

권고 2. 맥락의 보존.

데이터세트에 반드시 기록: 촬영자와 날짜, 문화적 배경, 지역, 사용 제한.

권고 3. 이익 배분.

상업적 성과 시: 최소한 수익의 2~3%를 춤 생태계를 위한 기금으로 조성.

권고 4. 투명한 데이터 시트.

모든 공개 데이터세트에 필수: 참여자 정보, 사용 범위, 거부 가능 여부, 연락처.

기술이 춤을 가난하게 만들 필요는 없다. 숫자는 골격이고, 사람은 결이다. 우리는 사람의 결을 지키는 쪽에 선다.

본 재판부는 기술 회사와 원고에게 6개월 내에 '춤 데이터 윤리 기준'을 공동으로 수립할 것을 명령한다.

산회.

[막이 내린다].

용어 노트

샤이보이 안무 저작권 사건은 2011년 서울중앙지법의 중요한 판결이다. 시크릿의 '샤이보이' 악곡에 맞춰 창작된 안무가 독립적인 저작물로 인정된 사례로, 법원은 이 안무가 단순한 신체 움직임의 나열이 아니라 음악의 흐름과 가사에 따라 동작을 조합하고 배열하여 안무가의 사상과 감정을 표현한 창작물이라고 판시했다. 이 판결은 안무 또한 음악이나 미술처럼 저작권 보호의 대상이 될 수 있음을 명확히 한 결정적 계기였다.

안무가 저작권으로 보호되는 이상, 그 창작물을 인공지능 학습 데이터로 활용하려면 가장 먼저 고려해야 할 윤리적 원칙이 충분한 정보에 기반한 동의(Informed Consent)다. 이는 데이터가 어떤 목적을 위해 수집되고, 어디까지 활용되며, 얼마 동안 보관되는지, 또 동의를 철회하려면 어떤 절차를 거쳐야 하는지를 창작자에게 명확히 설명하고 자발적인 허락을 얻는 과정을 말한다.

이에 대비되는 방식이 옵트 아웃 시스템(Opt-out System)이다. 이는 사용자가 별도의 거부 의사를 밝히지 않으면 자동으로 동의한 것으로 간주하는 제도다. 효율성을 앞세우지만, 안무가가 자신의 창작물이 인공지능 학습에 활용되는 사실을 인지하지 못할 가능성이 높아 윤리적 논란을 일으킬 수 있다.

또한 동의를 받았더라도 데이터의 활용은 목적 제한 원칙을 따라야 한다. 수집 당시 명시한 목적, 예를 들어 '안무 교육용'의 범위 안에서만 사용해야 하며, 상업적

게임 엔진 개발이나 다른 프로젝트에 재활용하려면 반드시 새로운 동의를 얻어야 한다.

연구의 공익적 가치를 살리면서도 창작자의 권리를 보호하기 위해 가명 정보 개념이 도입된다. 가명 정보는 이름이나 연락처처럼 직접 식별 가능한 정보를 제거해 별도의 추가 정보 없이는 특정인을 알아볼 수 없도록 처리한 데이터다. 한국의 데이터 3법은 이러한 가명 정보를 통계 분석이나 과학 연구 목적으로 활용할 수 있도록 허용한다. 그러나 춤 데이터의 경우, 안무가 특유의 동작 스타일이나 시그니처 움직임만으로도 창작자를 유추할 수 있어 단순한 가명 처리로는 한계가 존재한다.

이 모든 절차의 투명성을 확보하기 위한 장치가 데이터 시트(Data Sheet)다. 데이터 시트는 데이터세트의 수집 경위, 권리 관계, 포함된 저작물의 범위, 사용 시 제한 사항 등을 표준화된 형식으로 명시한 문서다. 이를 통해 데이터의 출처와 사용 조건을 명확히 공개함으로써, 안무 데이터의 윤리적 관리와 법적 책임을 동시에 담보하는 핵심 도구로 기능한다.

참고문헌

개인정보보호위원회(2020). “데이터 3법 주요 개정내용”.

과학기술정보통신부(2020). “사람이 중심이 되는 인공지능 윤리기준”. https://www.msit.go.kr/bbs/view.do?mId=113&bbsSeqNo=94&nttSeqNo=3179742

Dance Motion Capture Database(n.d.). https://dancedb.cs.ucy.ac.cy/

EU(2016). General Data Protection Regulation (GDPR): Art. 7 & 8. https://gdpr-info.eu/

European Commission(2024). Epic Games Settles Fortnite Dance Copyright Dispute. https://intellectual-property-helpdesk.ec.europa.eu/news-events/news/epic-games-settles-fortnite-dance-copyright-dispute-update-openai-v-authors-2024-02-23_en

Li, R. et al.(2021). AI Choreographer: Music Conditioned 3D Dance Generation with AIST++. *2021 IEEE/CVF International Conference on Computer Vision (ICCV)*, pp.1338~1339.

Sharon Phillips School of Dancing(n.d.). GDPR Privacy Policy. https://sharonphillipsdance.co.uk/gdpr-privacy-policy/

Supreme Court of the United States(2019). Fourth Estate Public Benefit Corp. v. Wall-Street.com, LLC, 586 U.S.

06
감정의 불가능: AI가 읽을 수 없는 춤의 층위들

AI는 인간의 동작을 완벽하게 구현하지만, 그 안에 감정은 없다. 스스로 느껴 본 적 없는 기계가 인간의 가장 깊은 내면을 표현하는 예술인 춤을 진정으로 이해할 수 있을까? 이 장에서는 감정 없는 리듬이 과연 춤이 될 수 있는지, 그 근본적인 질문을 던진다.

AI와 민주주의?

AI는 정말 춤을 '이해'하는가

AI가 생성한 춤 동작을 보고 있으면 묘한 기분이 든다. 리듬에 맞춰 몸이 움직이고, 팔과 다리가 조화롭게 흔들리지만, 그 안에서 '무언가'가 빠져있다는 느낌을 지울 수 없다. 그 무언가는 바로 감정이다. 과연 감정 없는 리듬은 춤이라고 할 수 있을까?

1997년, MIT 미디어랩의 로잘린드 피카드(Rosalind Picard) 교수가 『정서컴퓨팅(Affective Computing)』을 출간하면서 기계가 인간의 감정을 인식하고 반응하는 분야가 본격적으로 시작되었다. 그로부터 약 30년이 지난 지금, AI는 얼굴 표정, 음성, 생리학적 신호를 통해 인간의 감정을 분석할 수 있게 되었다. 하지만 춤에서 표현되는 복합적이고 미묘한 감정의 세계는 여전히 AI에게 어려운 영역으로 남아있다.

감정 인식 기술의 현재와 한계

현재의 감정 인식 기술은 주로 세 가지 방식으로 접근한다. 첫째는 얼굴 표정 분석으로, 폴 에크먼(Paul Ekman)이 개발한 얼굴 행동 코딩시스템(FACS)을 기반으로 한다. 둘째는 음성 분석으로, 음높이, 말의 속도, 억양 등을 통해 감정 상태를 파악한다. 셋째는 생리학적 신호 분석으로 심박수, 피부 전도도, 뇌파 등을 측정한다.

MIT 정서컴퓨팅 그룹의 연구에 따르면, 이들은 혈압, 근전도, 호흡, 피부 전도도 등 네 가지 생리학적 신호를 사용해 중립, 분노, 증오, 슬픔, 사랑, 낭만적 사랑, 기쁨, 경외감 등 8가지 감정 상태를 81%의 정확도로 분류할 수 있었다. 하지만 이는 통제된 실험실 환경에서 20일 이상에 걸쳐 수집된 데이터를 바탕으로 한 결과였다.

실제 춤 상황에서는 이러한 감정 인식이 훨씬 복잡해진다. 춤에서 표현되는 감정은 단순한 기본 감정들의 조합이 아니라, 문화적 맥락과 개인적 경험이 뒤섞인 복합적 정서이기 때문이다. 또한 같은 동작이라도 춤추는 사람의 의도와 맥락에 따라 전혀 다른 감정을 전달할 수 있다.

거울 뉴런과 감정의 공명

춤에서 감정이 전달되는 과정을 이해하기 위해서는 거울 뉴런(mirror neurons)의 작동 원리를 알아야 한다. 1990년대 이탈리아 파르마 대학의 리촐라티(Rizzolatti) 연구팀이 발견한 거울 뉴런은 다른 사람의 행동을 관찰할 때 자신이 그 행동을 수행하는 것처럼 활성화되는 뉴런이다.

춤 치료(Dance/Movement Therapy) 분야의 연구에 따르면, 거울 뉴런은 춤에서 특별히 중요한 역할을 한다. 관객이 춤추는 사람을 볼 때, 거울 뉴런이 활성화되어 마치 자신이 춤을 추는 것처럼 느끼게 된다. 이것이 바로 '운동학적 공감(kinesthetic empathy)'이다. 춤추는 사람의 움직임을 통해 그들의 감정과 의도를 직접적으로 체험하게 되는 것이다.

흥미롭게도 칼보-메리노(Calvo-Merino) 등의 연구에서는 발레 전문가들이 발레 영상을 볼 때, 그리고 카포에라 전문가들이 카포에라 영상을 볼 때 전운동피질과 두정엽에서 더 강한 활성화가 나타났다. 이는 자신이 익숙한 춤 동작을 볼 때 거울 뉴런이 더 활발하게 작동한다는 것을 의미한다. 즉, 춤의 감정적 이해는 단순히 시각적 인식이 아니라 몸으로 체득한 경험에 기반한다.

AI의 감정 인식, 무엇이 빠져있는가

현재 AI의 감정 인식 기술이 가진 가장 큰 한계는 맥락적 이해의 부족이다. MIT 슬론 스쿨의 연구에 따르면, 감정 AI 기술은 백인 얼굴로 주로 훈련되어 아프리카계 미국인의 감정을 인식하는 데 어려움을 겪는다고 지적한다. 이는 춤에서도 마찬가지다. 서구 중심의 데이터로 훈련된 AI는 다른 문화권의 춤에서 표현되는 감정을 제대로 파악하지 못할 가능성이 크다.

더 근본적인 문제는 AI가 감정을 '분류'의 관점에서만 접근한다는 점이다. 현재의 감정 인식 시스템은 주로 기쁨, 슬픔, 분노, 두려움, 놀람, 혐오감 등 기본 감정들을 구분하는 데 집중한다. 하지만 춤에서 표현되는 감정은 이런 단순한 범주로는 설명할 수 없는 복잡하고 미묘한 뉘앙스를 가지고 있다.

예를 들어, 탱고에서 표현되는 '그리움 섞인 열정'이나 한국 전통춤에서 나타나는 '한(恨)'과 같은 감정은 어떻게 정량화할 수 있을까? 이런 감정들은 문화적 배경과 개인적 경험, 그리고 그 순간의 특별한 맥락이 만들어 내는 복합적 산물이다.

춤의 서사성과 시간의 흐름

춤이 가진 또 다른 중요한 특성은 서사성이다. 춤은 단순히 움직임의 나열이 아니라 시간의 흐름 속에서 전개되는 이야기다. 감정도 정적인 상태가 아니라 춤의 진행에 따라 변화하고 발전한다.

음악과 거울 뉴런에 관한 연구에서는 인간이 음악과 춤을 통해 소통하는 과정이 단순한 감정 인식을 넘어 '의도의 이해'까지 포함한다고 설명한다. 춤추는 사람의 발걸음 소리만으로도 슬픔, 기쁨, 분노, 스트레스 등의 감정을 구분할 수 있다는 것이다. 이는 인간의 감정 인식이 얼마나 정교하고 다층적인지를 보여 준다.

현재의 AI는 이런 시간적 서사를 이해하는 데 한계가 있다. 개별 프레임이나 짧은 시퀀스에서의 감정 분석은 가능하지만, 춤 전체를 관통하는 감정의 흐름이나 변화를 파악하기는 어렵다. 더욱이 춤에서는 같은 동작이라도 춤의 앞부분과 뒷부분에서 완전히 다른 의미를 가질 수 있다.

문화적 편향과 감정의 다양성

감정 표현은 문화마다 다르다. 몸짓 하나하나에 담긴 의미도 문화권에 따라 천차만별이다. 예를 들어, 서구에서는 눈맞춤이 자신감과 정직함의 표현이지만, 일부 아시아 문화에서는 오히려 불손함으로 받아들여질 수 있다.

춤에서도 마찬가지다. 인도 고전 무용에서 손동작(무드라)이 가진 상징적 의미를 서구적 감정 분류 체계로 이해하기는 어렵다. 아프리카 전통춤에서 나타나는 집단적 황홀경이나 라틴 댄스에서 표현되는 관능성도 단순한 감정 범주로는 설명할 수 없다.

정서컴퓨팅 분야의 최근 연구에서도 이런 문화적 차이가 중요한 과제로 지적되고 있다. 몸짓에서 감정을 인식하는 연구에서 문화 간 차이가 사용자 모델링에 미치는 영향이 크다는 것이 밝혀졌다. 따라서 AI가 진정으로 춤의 감정을 이해하려면 문화적 다양성을 고려한 접근이 필요하다.

진짜 춤의 요소: 즉흥성과 순간성

춤이 가진 가장 본질적인 특성 중 하나는 즉흥성이다. 아무리 잘 짜인 안무라도 춤추는 순간에는 예기치 못한 변화와 창발이 일어난다. 무용수의 그날의 기분, 관객의 반응, 음악의 미묘한 변화 등이 모두 춤에 영향을 미친다.

이런 즉흥성과 순간성이야말로 춤이 살아있는 예술인 이유다. 같은 안무라도 공연할 때마다 다르고, 같은 무용수라도 매번 다른 감정을 표현한다. 이것이 바로 AI가 아직 도달하지 못한 영역이다.

현재의 AI는 패턴 인식과 통계적 학습에 기반하기 때문에, 이런 예측 불가능한 창발성을 제대로 이해하거나 표현하기 어렵다. AI가 생성한 춤이 기계적으로 느껴지는 이유도 바로 이런 생생한 순간성이 부족하기 때문이다.

감정의 층위와 복합성

인간의 감정은 단층적이지 않다. 슬픔 속에도 아름다움이 있고, 기쁨 속에도 그리움이 섞여있다. 춤에서는 이런 복합적 감정이 동시에 표현되기도 한다. 현재의 AI 감정 인식 기술은 이런 감정의 복합성을 다루는 데 한계가 있다.

대부분의 시스템은 단일 감정 라벨을 예측하거나, 기껏해야 몇 가지 감정의 강도를 수치로 표현하는 정도다. 하지만 춤에서 나타나는 감정은 이런 단순한 수치화로는 포착할 수 없는 깊이와 뉘앙스를 가지고 있다.

기술과 인간성의 공존점

그렇다면 AI는 영원히 춤의 감정을 이해할 수 없는 걸까? 반드시 그런 것은 아니다. 중요한 것은 AI에게 무엇을 기대하고, 어떻게 활용할 것인가의 문제다.

AI는 춤의 기술적 측면을 분석하고 개선하는 데 유용할 수 있다. 움직임의 정확성, 리듬감, 균형감 등을 객관적으로 평가하고 피드백을 제공할 수 있다. 또한 다양한 문화권의 춤 데이터를 학습해 새로운 융합 안무를 제안하는 도구로도 활용될 수 있다.

하지만 춤의 영혼이라고 할 수 있는 감정적 표현과 소

통의 영역은 여전히 인간만의 고유한 능력이다. AI가 생성한 춤 동작에 생명을 불어넣고 진정한 감동을 전달하는 것은 결국 인간 무용수의 몫이다.

새로운 상보적 관계를 향하여

미래의 춤과 AI의 관계는 대체가 아닌 상보적 협력이 될 것이다. AI는 인간이 가진 창의성과 감정 표현 능력을 보완하는 도구로, 인간은 AI가 생성한 움직임에 의미와 감동을 부여하는 해석자로서 역할을 나눌 수 있다.

감정 없는 리듬도 그 자체로는 의미가 있다. 완벽한 박자감과 정확한 동작으로 춤의 기본기를 익히는 데 도움이 될 수 있다. 하지만 그것만으로는 진정한 춤이 될 수 없다. 춤은 결국 인간의 마음이 몸을 통해 표현되는 예술이기 때문이다.

AI 시대의 춤은 기술의 정밀함과 인간의 감성이 만나는 지점에서 새로운 가능성을 찾을 것이다. 감정 없는 리듬에 인간의 영혼을 불어넣을 때, 비로소 진정한 의미의 춤이 탄생한다.

용어 노트

컴퓨터가 인간의 감정을 인식하고 해석하는 기술 분야

를 정서컴퓨팅(Affective Computing)이라 부른다.

인간이 춤을 보며 감정적으로 공감하는 과정에는 뇌의 거울 뉴런(Mirror Neurons)이 핵심적인 역할을 한다. 타인의 움직임을 볼 때 마치 자신이 직접 움직이는 것처럼 반응하는 이 신경세포는 주로 전운동피질과 두정엽에서 활성화된다. 이러한 뇌의 전기적 활동은 EEG(뇌파)와 같은 기술로 측정할 수 있으며, 이것이 바로 타인의 움직임을 통해 감정과 의도를 내 몸처럼 느끼는 '운동학적 공감(Kinesthetic Empathy)'의 신경학적 기반이다.

이는 우리의 인지와 감정이 단순히 머릿속에서 일어나는 것이 아니라 몸의 경험과 분리될 수 없다는 '체화된 인지(Embodied Cognition)' 이론과도 연결된다.

이러한 이유로 AI가 춤의 감정을 이해하기는 매우 어렵다. 예를 들어, 한국 전통춤인 승무(僧舞)에 담긴, 슬픔과 희망이 뒤섞인 복합적 정서 '한(恨)'과 같은 문화적 감정은 단순한 데이터로 분류하기가 불가능하다.

이러한 한계를 극복하기 위해, AI는 얼굴 표정, 음성, 제스처 등 여러 정보원을 동시에 분석하여 감정을 종합적으로 판단하는 '멀티모달 감정 인식' 기술을 활용한다. 결국, AI는 다양한 외부 신호를 종합하여 감정을 '추론'하지만, 인간은 체화된 경험을 통해 감정을 직접 '공명'

한다는 근본적인 차이가 존재한다.

참고문헌

Berrol, C. F.(2006). Neuroscience meets dance/movement therapy: Mirror neurons, the therapeutic process and empathy. *The Arts in Psychotherapy, 33*(4), pp.302~315. https://www.sciencedirect.com/science/article/abs/pii/S0197455606000438

Marín-Morales, J. et al.(2018). Affective computing in virtual reality: emotion recognition from brain and heartbeat dynamics using wearable sensors. *Nature Scientific Reports, 8*. https://www.nature.com/articles/s41598-018-32063-4

MIT Media Lab Affective Computing Group(2000). Eight-Emotion Sentics Data. https://www.media.mit.edu/groups/affective-computing/data/

MIT Sloan(2019). Emotion AI, explained. https://mitsloan.mit.edu/ideas-made-to-matter/emotion-ai-explained

Molnar-Szakacs, I. & Overy, K.(2006). Music and mirror neurons: from motion to 'e'motion. *Social Cognitive and Affective Neuroscience, 1*(2), pp.235~241. https://academic.oup.com/scan/article/1/3/235/2362883

Pei, G. et al.(2024). Affective Computing: Recent Advances, Challenges, and Future Trends. *Intelligent Computing, 3*. https://spj.science.org/doi/10.34133/icomputing.0076

Picard, R. W.(1997). *Affective Computing*. MIT Press. https://direct.mit.edu/books/monograph/4296/Affective-C

omputing

Winters, A. F.(2008). Emotion, Embodiment, and Mirror Neurons in Dance/Movement Therapy: A Connection Across Disciplines. *American Journal of Dance Therapy, 30*, pp.84~105. https://link.springer.com/article/10.1007/s10465-008-9054-y

Zardi, A.(2021). Dancing in Your Head: An Interdisciplinary Review. *Frontiers in Psychology, 12*. https://www.frontiersin.org/journals/psychology/articles/10.3389/fpsyg.2021.649121/full

07
테크놀로지로 확장된 무용수

입구: 관람 안내
전시 제목: 〈AI와 함께 춤추는 몸들: 한계를 넘어선 무용수들〉.
당신은 지금 AI가 무용수의 몸과 능력을 실시간으로 확장하는 신기한 전시관에 서 있다.
이곳에서는 AI가 단순히 춤을 분석하거나 생성하는 것을 넘어, 무용수와 함께 호흡하고, 함께 움직이며, 때로는 무용수가 될 수 없었던 사람들에게 새로운 가능성을 열어준다.
관람 동선: 1전시실(AI가 보완하는 몸)→
2전시실(AI와 협연하는 무용수)→
3전시실(AI가 창조하는 새로운 댄서).

AI와 애니메이션?

1전시실: AI가 보완하는 몸

첫 번째 전시실은 AI가 인간의 능력을 보완하며 춤에 대한 접근성을 획기적으로 높이는 현재와 가까운 미래의 기술을 보여 준다.

첫 번째 전시실에 발을 들여놓는 순간, AI가 인간의 능력을 보완하며 춤에 대한 접근성을 획기적으로 높이는 현재와 가까운 미래의 기술들이 펼쳐진다.

실시간 능력 증강 시스템

무대 중앙에서 무용수가 움직이자 마법 같은 반응이 시작된다. 팔을 올리면 조명이 따라 솟아오르고, 빠른 스핀에는 LED 패널이 소용돌이친다. 수십 대의 카메라가 포착한 움직임을 AI가 컴퓨터 비전 기술로 3차원 분석하며, 표정 변화와 움직임 강도까지 읽어내어 감정 상태를 추론한다. 기쁜 순간엔 따뜻한 노란빛, 고뇌의 장면에선 차가운 파란빛이 무대를 감싼다.

벽면 설명문이 눈에 들어온다. "무용수는 더 이상 무대를 그냥 사용하지 않습니다. 무대가 무용수와 함께 춤춥니다."

체험 코너: 작은 센서를 착용하고 간단한 동작을 해 보라. 당신의 움직임에 맞춰 주변 스크린의 색깔과 패턴이

변화한다. 프로 무용수처럼 무대와 하나가 되는 기분을 느낄 수 있다.

AI 춤 접근성 센터

거울 앞에 서자 AI 튜터가 실시간으로 자세를 분석하며 친절한 음성 피드백을 건넨다. "무게중심을 왼발로 조금만 더 옮겨볼까요?"

2D 포즈 추정(pose estimation)으로 카메라가 관절 위치를 파악하여 전문가의 동작 데이터와 비교 분석한다. 단순한 자세 교정을 넘어, 사용자의 학습 속도와 패턴에 맞춰 난이도를 조절하고 다음 학습 과제를 추천하는 '적응형 학습(Adaptive Learning)'까지 구현한다. 전통적인 도제식 교육이 소수에게만 가능했다면, AI 튜터는 개인화된 교육을 민주적으로 확장할 가능성을 제시한다.

벽면 메시지: "이제 춤은 타고나는 재능이 아닙니다. AI와 함께라면 누구나 자신만의 방식으로 아름답게 움직일 수 있습니다."

2전시실: AI와 협연하는 무용수

두 번째 전시실로 들어서면, AI가 단순한 보조 도구를 벗어나 인간과 동등한, 혹은 전혀 다른 성질의 파트너로서 무대에 오르는 풍경을 마주한다. 인간과 AI는 서로의 한계를 자극하며 예측 불가능한 창조의 순간으로 나아간다.

발렌시아 제임스의 AI_am 재현

전시실 중앙에서 안무가 발렌시아 제임스의 실제 프로젝트 'AI_am'이 재현되고 있다. 무대 위 인간 무용수 옆으로 대형 스크린에 모션 캡처 데이터로 학습된 AI 아바타가 투영되어 함께 춤춘다.

처음엔 둘의 움직임이 비슷해 보이지만, 곧 AI 아바타는 물리 법칙을 완전히 무시하는 동작들을 선보이기 시작한다. 관절이 역방향으로 꺾이며 액체처럼 흘러내리거나, 공중에서 무게 없이 멈춰 섰다가 폭발적으로 튕겨 나간다. 인간의 신체로는 결코 복제할 수 없는, 데이터로만 존재하는 '불가능성의 움직임'이다.

바로 여기서 진정한 협업이 시작된다. 인간 무용수는 AI를 어설프게 모방하려 하지 않는다. 대신, 그 비현실적인 움직임을 자신의 몸으로 '번역'하고 '재해석'한다. AI의 비현실적인 관절 꺾임은 인간 무용수에게 균형을 잃는 미세한 떨림이나 갑작스러운 이완으로 표현되고,

무중력 상태의 정지는 숨을 멈춘 극도의 긴장감으로 나타난다.

AI의 비인간적 움직임은 무용수가 평생 훈련하며 쌓아온 관성적 움직임, 즉 '몸의 문법'에 의도적인 균열을 낸다. 균열을 통해 무용수는 익숙한 동작에서 벗어나 한 번도 시도해 보지 않았던 새로운 질감의 움직임을 발견한다. 발렌시아 제임스가 "불가능성의 스타일로 움직인다는 것이 무엇인지 탐구하는 데 정말 영감을 주고 생성적이었다"고 말한 것은 바로 이 지점이다. AI는 정답을 주는 스승이 아니라, 인간의 창의적 잠재력을 자극하는 이질적인 거울이 된다.

관찰 포인트: 5분간 이 듀엣을 지켜보면서 질문을 던져 보라. 인간과 AI 중 누가 안무를 주도하고 있는가? 이것은 모방인가, 번역인가, 아니면 완전히 새로운 언어의 탄생인가? 둘 사이의 경계가 흐려지는 지점에서 '협연'의 진정한 의미를 발견할 수 있을 것이다.

폰투스 리드버그의 Centaur 시뮬레이션

더욱 급진적인 실험의 장이 펼쳐진다. 덴마크 댄스 시어터의 실제 공연 'Centaur'를 재현한 공간으로, 9명의 무용수가 무대에서 움직이는 동안 천장의 스크린과 스피

커를 통해 AI가 실시간으로 각기 다른 지시를 내린다.

작곡가 존 케이지(John Cage)가 '우연성 음악(Aleatoric music)'을 통해 작곡가의 절대적 통제를 내려놓았듯, 여기서는 안무가의 권한을 AI와 무용수, 그리고 시스템 자체에 분산시키는 실험이 벌어진다. 무용수들은 암기된 동작을 기계적으로 수행하는 대신, 매 순간 AI의 제안에 귀 기울이고 즉각적으로 반응해야 하는 '깨어 있는 상태'를 유지하게 된다.

AI가 만들어 내는 것은 단순한 무작위가 아니다. 게임 디자인, 행성 움직임, 군집 기술을 기반으로 한 알고리즘이 인간의 해석과 만나 예측 불가능한 '창발적 질서(emergent order)'를 만들어 낸다. "3번 무용수, 가장 가까운 사람과 접촉하세요", "모든 무용수, 나선형으로 무대 중앙을 향해 움직이세요." 같은 지시들이 모여 매 순간 누구도 예상치 못했던 복잡하고 아름다운 군무를 탄생시킨다.

창작의 주체는 폰투스 리드버그라는 한 명의 안무가가 아니다. 안무가의 철학을 설계한 알고리즘-실시간으로 제안하는 AI-그것을 해석하여 몸으로 구현하는 무용수들로 이루어진 하나의 '군집적 창작 시스템(collective creation system)' 그 자체가 된다. 공연은 매번 완전히 다른, 단 한 번뿐인 예술적 사건으로 태어난다.

참여 체험: 관람객 3명이 직접 무대에 올라가 AI의 지시를 받아볼 수 있다. "당신은 물입니다. 바닥의 틈새로 흘러 들어가세요." 같은 추상적인 명령에 당신의 몸이 어떻게 반응하는지 느껴 보라. 짧은 체험을 통해, 안무가의 의도를 따르는 수동적 행위자와 예측 불가능한 시스템 안에서 능동적으로 해석하는 창작자 사이의 경계를 넘나들게 된다.

3전시실: AI가 창조하는 새로운 댄서

마지막 전시실은 AI가 인간의 개입 없이, 혹은 인간을 넘어서는 새로운 댄서를 창조하고 문화를 이끄는 미래의 풍경을 상상한다.

케이팝 데몬 헌터스의 혁신(가상 시나리오)

전 세계를 열광시킨 넷플릭스 가상 애니메이션의 주인공들이 당신을 맞이한다. 헌트릭스, 사자 보이즈의 홀로그램이 실제 크기로 무대에서 완벽한 케이팝 안무를 선보인다. 이 현상은 단순한 기술 과시를 넘어, '포스트휴먼 카리스마'의 등장을 예고한다. 팬들은 이들의 완벽한 움직임뿐만 아니라, 서사를 가진 가상 인격체와 상호작용하며 새로운 형태의 관계를 맺는다. 가상 존재가 현실의 문화를 이끄는 이 미래는, 팬덤 경제와 아티스트의 개념을 근본적으로 바꾸어 놓을 것이다.

관람객용 댄스 패드에서 헌트릭스의 골든 안무를 따라해 볼 수 있다. AI가 당신의 동작을 분석하여 "헌트릭스 스타일 85%" 같은 재미있는 피드백을 준다.

freebeat AI: 개인 맞춤 댄서(미래 기술)

옆 코너에는 개인 맞춤형 AI 댄스 앱의 미래를 엿볼 수 있는 'freebeat AI' 체험존이 마련되어 있다. 앱에 당신의 기분, 선호 장르, 신체 컨디션을 입력하면, AI가 세상에 단 하나뿐인 당신만의 춤 시퀀스를 즉석에서 생성해 준다. 더 나아가 당신의 움직임을 실시간으로 분석하여 안무를 즉석에서 수정한다. 팔 동작이 서툴면 다리 중심으로, 점프가 어려우면 바닥 동작 위주로.

미래의 홈 댄스 스튜디오(2030년 상상)

전시실 끝, 2030년의 거실을 상상하여 재현한 공간이 나타난다. 벽면 스크린의 AI 선생님이 당신의 학습 패턴, 체력, 선호도를 모두 기억하여 최적화된 개인 레슨을 제공한다. 하지만 이 편리함의 이면에는 그림자도 존재한다. AI가 제시하는 '가장 효율적인' 움직임이 춤 스타일의 획일화를 가져올 수 있다는 우려, 인간 교사와의 정서적 교감이 사라지는 문제, 그리고 나의 모든 신체 데이터가 플랫폼 기업에 귀속될 수 있다는 프라이버시 문제 등 우리가 풀어야 할 과제들을 함께 생각해 보게 한다.

출구: 새로운 가능성을 향해

전시를 마치며 당신이 마주하는 것은 인터랙티브 미러다. 거울 앞에 서면 AI가 당신의 잠재적 춤 능력을 분석하여 보여 준다.

"당신은 라틴 댄스에 85%의 잠재력을 가지고 있습니다."

거울 아래 메시지:
"AI는 인간을 대체하지 않습니다. 인간이 꿈꿔왔지만 혼자서는 이룰 수 없었던 가능성을 현실로 만들어 줄 뿐입니다."

큐레이터의 말

"이번 전시는 AI가 단순히 인간의 '부족함'을 채우는 기술이 아님을 보여 주려 했습니다. 1전시실에서 보았듯 AI는 춤 교육의 문턱을 낮춰 예술의 민주화에 기여하고, 2전시실의 사례처럼 인간 창작자의 관성을 깨뜨리는 이질적이고 창의적인 파트너가 됩니다. 나아가 3전시실에서 상상했듯, 인간을 넘어선 새로운 형태의 아티스트를 탄생시켜 문화의 지평 자체를 넓히기도 합니다.

바이오닉 의족이나 휠체어가 새로운 신체 언어를 가능하게 했듯, AI는 우리에게 상상하지 못했던 새로운 형태의 움직임과 표현, 그리고 관계를 선사합니다.

물론, AI가 여는 가능성만큼 우리가 풀어야 할 과제도 존재합니다. 특정 데이터에 기반한 AI는 자칫 춤 스타일의 획일화를 가져올 수 있으며, 창작과 교육의 영역에서 인간의 역할을 어디까지로 설정할 것인지에 대한 사회적 논의도 필요합니다. 하지만 이러한 잠재적 우려를 인지하고 기술을 인간 중심적으로 발전시켜 나갈 때, AI는 진정으로 우리의 창의성을 확장하는 파트너가 될 것입니다.

미래의 무용수는 AI와 경쟁하지 않습니다. AI와 협력하여 지금까지 불가능했던 아름다움을 함께 창조해 냅니다. 그 과정에서 춤은 더욱 민주적이고, 개인적이며, 동시에 보편적인 예술로 거듭날 것입니다.

관람해주셔서 감사합니다. 이제 당신도 AI와 함께 춤춰 보시겠어요?"

용어 노트

AI를 활용한 춤 기술의 근간에는 컴퓨터 비전(Computer Vision)이 있다. 이는 컴퓨터가 인간처럼 디지털 이미지나 영상을 보고 해석하게 만드는 인공지능 분야다.

컴퓨터 비전의 핵심 응용 기술인 2D 포즈 추정(2D Pose Estimation)은 영상 속 사람의 관절 위치를 찾아내 뼈대 형태로 추적하는 것을 말한다. 이는 사람의 움직임을 디지털 데이터로 기록하는 모션 캡처(Motion Capture) 기술의 일종으로, AI 댄서의 학습 데이터를 생성하는 데 활용된다.

시스템은 이렇게 수집된 데이터를 특정 문제를 해결하기 위한 명령어 집합, 즉 알고리즘(Algorithm)에 따라 처리한다. 'Centaur' 공연의 사례처럼, 여러 무용수가 이 알고리즘이 제시하는 단순한 규칙을 따를 때, 누구도 예상치 못했던 복잡하고 정교한 패턴, 즉 창발적 질서(Emergent Order)가 나타나기도 한다.

이러한 기술들은 다양한 방식으로 구현된다. 거울 형태의 디스플레이에 AI 분석 기술을 결합한 인터랙티브 미러(Interactive Mirror)는 사용자와 직접 상호작용하며 피드백을 제공한다. 3차원 입체 이미지를 보여 주는 홀로그램(Hologram) 기술은 가상의 댄서를 무대 위에 세운다. 나아가, 학습자 개개인의 수준과 속도에 맞춰 교육 내용을 실시간으로 조절하는 적응형 학습(Adaptive Learning) 시스템은 이러한 기술들을 교육적으로 응용한다.

참고문헌

Danish Dance Theatre(n.d.). Centaur.
https://www.danskdanseteater.dk/en/

Experiments with Google(2018). Move Mirror.
https://artsexperiments.withgoogle.com/move-mirror

James, V. et al.(n.d.). AI_am.
https://valenciajames.com/projects/ai_am/

08
AI와 춤 교육: 새로운 도약점

AI 튜터가 완벽한 자세로 플리에를 시연하는 동안, 천장의 카메라가 학생들의 움직임을 실시간으로 분석한다. "혜연 학생, 무릎이 발끝 방향으로 더 벌어져야 합니다. 민철 학생, 등을 조금 더 곧게 세워 보세요."
이것은 먼 미래의 상상이 아니다. 이미 전 세계 곳곳에서 AI가 춤 교육의 새로운 지평을 열고 있다. 하지만 과연 AI 선생님이 인간 선생님을 완전히 대체할 수 있을까? 디지털 피드백이 가져다주는 편리함 뒤에는 어떤 그림자가 숨어있을까?

AI와 인재 채용?

디지털 선생님의 탄생

2021년, 구글이 발표한 MoveNet은 춤 교육의 판도를 바꾸기 시작했다. 이 AI 모델은 요가, 피트니스, 그리고 춤 동작에 특화되어 개발되었으며, 17개의 신체 키포인트를 실시간으로 추적할 수 있다. 기존의 PoseNet보다 더 정확하고 빠른 성능을 자랑하는 MoveNet은 스마트폰 하나만 있으면 전문적인 자세 분석이 가능하다.

실제로 이 기술을 활용한 춤 교육 시스템들이 속속 등장하고 있다. 한 연구에서는 댄스 스킬 교육 및 평가 시스템(DSTEVF, Dance Skills Teaching, Evaluation, and Visual Feedback)이 개발되어 실제 무용 교육에 적용되었다. 이 시스템은 AI 튜터가 시범을 보이고, 모션 캡처 시스템이 학생들의 동작을 평가하여 시각화된 평가 리포트를 생성한다. 연구 결과, 전통적인 교육 방식 대비 학생들의 춤 실력과 자기효능감이 유의미하게 향상되었다.

STEEZY Studio는 이미 전 세계 수만 명의 학생들에게 온라인 춤 교육을 제공하고 있다. 웹캠을 가상 거울로 활용하여 강사 옆에서 춤추는 느낌을 주고, 글로벌 커뮤니티를 통해 피드백과 팁을 공유할 수 있다. "초보자도 쉽게 따라할 수 있고, 자신감을 기를 수 있어요"라는 사용자 후기처럼, AI 기술은 춤 교육의 접근성을 혁신적으로 높이고 있다.

24시간 언제든지 가능한 개인 레슨

Just Dance 시리즈는 게임의 형태로 춤 교육의 새로운 가능성을 보여 주었다. 초기에는 Wii 리모컨과 Kinect를 활용했지만, 최신 버전은 스마트폰 앱을 통해 움직임을 추적한다. 게임이지만 실제로는 정교한 AI 기반 동작 인식 시스템이 작동하고 있다. 플레이어의 움직임을 실시간으로 분석하여 점수를 매기고, 황금 동작(Gold Move) 같은 핵심 포인트에서는 추가 점수를 제공한다.

더 진화된 형태의 AI 교육 시스템들도 등장했다. 매직에이아이 미러(Magic AI Mirror)나 토날(Tonal)과 같은 AI 기반 피트니스 미러들은 춤 카디오 프로그램을 포함하고 있다. 이들은 ReflectAI®나 자체 개발한 컴퓨터 비전 기술을 통해 실시간으로 동작을 교정해 준다. 사용자가 잘못된 자세를 취하면 즉시 음성과 시각적 피드백을 제공하고, 반복 횟수를 자동으로 카운팅하며, 운동 강도도 개인별로 조절한다.

이러한 AI 교육 시스템의 가장 큰 장점은 개인화된 24시간 접근성이다. 전통적인 춤 교실에서는 선생님 한 명이 여러 학생을 동시에 지도해야 하지만, AI는 각 학생의 수준과 진도에 맞춘 맞춤형 교육이 가능하다. 또한 부끄러워서 교실에서 자유롭게 움직이기 어려운 초보자들도 집에서 편안하게 연습할 수 있다.

정밀한 분석의 힘

AI의 가장 큰 강점 중 하나는 객관적이고 정밀한 분석 능력이다. 인간 교사의 눈으로는 놓치기 쉬운 미세한 동작의 차이나 반복적인 오류 패턴을 AI는 놓치지 않는다.

한 연구에서는 요가와 춤 자세 학습을 위한 매치 포즈 시스템이 개발되었다. 이 시스템은 TensorFlow의 PoseNet을 활용하여 사용자가 웹캠 앞에서 취한 자세를 분석하고, 목표 이미지와 비교하여 정확성을 판단한다. 17개의 키포인트를 실시간으로 추적하며, 사용자가 올바른 자세를 취했는지 즉시 알려준다.

또 다른 혁신적인 시스템인 "불꽃놀이의 춤(Dance of Fireworks)"은 라디오 체조 교육에 PoseNet을 활용했다. 사용자의 관절 각도를 계산하여 표준 동작과 비교하고, 틀린 부분을 실시간으로 교정해 준다. 재미를 더하기 위해 올바른 동작을 할 때마다 화면에 불꽃이 터지는 시각적 보상 시스템도 도입했다.

이런 시스템들의 데이터 분석 능력은 놀랍다. 어떤 동

작에서 자주 실수하는지, 왼쪽과 오른쪽 중 어느 쪽이 더 약한지, 시간대별로 집중도는 어떻게 변하는지까지 모든 것이 기록되고 분석된다. 이를 통해 개인별 맞춤 교육 계획을 세우고, 약한 부분을 집중적으로 보완할 수 있다.

디지털 피드백의 그늘

AI 춤 교육에도 한계는 있다. 가장 큰 문제는 맥락적 이해의 부족이다.

한 연구에서는 교사-AI 협업 온라인 춤 교육 시스템 'Dancing Inside'를 개발했지만, 흥미로운 문제점을 발견했다. AI가 동작을 잘못 평가했을 때 인간 교사가 곤란한 상황에 처하게 된다는 것이다. 예를 들어, 조명이나 카메라 각도 문제로 AI가 올바른 동작을 틀렸다고 판단할 때, 교사는 AI의 판단을 따를지 자신의 판단을 믿을지 딜레마에 빠진다.

또한 감정과 표현력은 여전히 AI가 다루기 어려운 영역이다. AI는 팔의 각도, 다리의 위치, 머리의 방향 등은 정확히 측정할 수 있지만, 그 춤이 얼마나 감정을 잘 표현하고 있는지, 음악과 얼마나 잘 어우러지는지는 판단하기 어렵다. 춤의 기술적 정확성만으로는 설명할 수 없는 '느낌'이나 '그루브'는 AI의 영역 밖에 있다.

몸의 기억: 대체할 수 없는 것들

전통적인 춤 교육에서는 '몸의 기억'을 중요시한다. Body-Mind Centering®(BMC)의 창시자 보니 베인브리지 코헨(Bonnie Bainbridge Cohen)이 1973년부터 발전시켜온 이 체계는 단순한 동작 모방을 넘어 '체화된 해부학(Embodied Anatomy)'을 추구한다.

BMC에서는 "몸 안에서 가장 작은 세포 차원의 움직임과 공간을 통한 가장 큰 움직임 사이의 관계를 발견하는 것"을 중요시한다. 이는 단순히 외형적인 동작을 따라하는 것이 아니라, 몸의 내부 감각과 의식을 통해 움직임의 본질을 이해하는 것이다. 근육, 뼈, 장기, 신경계 등 각각의 신체 시스템이 어떻게 춤에 기여하는지를 체험적으로 학습한다.

마사 에디(Martha Eddy) 박사가 개발한 BodyMind Dancing™은 BMC와 라반 움직임 분석(Laban Movement Analysis)을 결합한 종합적 접근법이다. 이 방법론에서는 "각 학생이 자신의 몸으로 돌아가는 느낌, 자기 이해를 깊게 하거나 향상시키는 경험"을 목표로 한다. 단순한 기술 습득이 아니라 자신의 몸과 마음의 관계를 탐구하는 것이다.

이런 소매틱(신체 감각적) 접근법은 AI가 쉽게 대체할 수 없는 영역이다. AI는 외부에서 관찰 가능한 동작만을 분석할 수 있지만, 무용수가 내부적으로 어떤 감각을 느끼고 있는지, 어떤 의식 상태에 있는지는 알 수 없다. 호흡의 깊이, 근육의 긴장과 이완의 미묘한 차이, 중력과 공간에 대한 감각 등은 여전히 인간 교사만이 전달할 수 있는 지혜다.

하이브리드 교육의 등장

미래의 춤 교육은 AI와 인간 교사의 협업에서 답을 찾고 있다. AI는 기술적 정확성과 객관적 분석을, 인간 교사는 감정적 표현과 예술적 해석을 담당하는 역할 분담이 이루어지고 있다. STEEZY Studio의 성공도 이런 하이브리드 접근법 덕분이다.

AI 기술로 동작 추적과 진도 관리를 하되, 실제 수업은 세계적인 무용수들이 직접 진행한다. 또한 온라인 커뮤니티를 통해 학습자들끼리 소통하고 피드백을 주고받을 수 있게 했다.

최근 연구들은 AI를 보조 도구로 활용하는 방향으로 진화하고 있다. AI가 학생들의 기본기와 반복 연습을 담당하고, 인간 교사는 더 창의적이고 표현적인 영역에 집중하는 것이다. 이를 통해 교사의 시간은 더 효율적으로 활용되고, 학생들은 더 체계적이고 개인화된 교육을 받을 수 있다.

새로운 춤 교육의 생태계

AI 기술은 춤 교육의 접근성을 혁명적으로 향상시켰다. 지리적 제약 때문에 좋은 교사를 만나기 어려웠던 학생들도 이제 세계적인 무용수들에게 직접 배울 수 있다. 경제적 부담 때문에 개인 레슨을 받기 어려웠던 학생들도 AI 튜터를 통해 맞춤형 교육을 받을 수 있다. 신체적 제약이나 사회적 불안감 때문에 교실에 참여하기 어려웠던 사람들도 집에서 편안하게 춤을 배울 수 있다.

특히 초보자 교육에서 AI의 효과는 탁월하다. 부끄러움 때문에 질문하기 어려워하는 초보자들도 AI에게는 같은 동작을 몇 번이고 반복해서 물어볼 수 있다. 또한 AI는 절대 짜증내지도, 판단하지도 않는다. 이런 심리적 안전감은 학습 초기 단계에서 매우 중요하다.

하지만 중급 이상의 수준에서는 여전히 인간 교사의 역할이 중요하다. 개인의 예술적 개성을 찾아가고, 자신만의 스타일을 개발하며, 다른 무용수들과의 협업을 통해 새로운 창작을 해 나가는 과정은 AI만으로는 한계가 있다.

미래의 춤 교실

앞으로의 춤 교실은 어떤 모습일까? 아마도 물리적 공간과 가상공간이 혼재하는 하이브리드 환경이 될 것이다.

학생들은 집에서 AI와 함께 기본기를 연습하고, 정기적으로 교실에 모여 함께 춤추며 소통한다. AI는 각 학생의 연습 데이터를 분석하여 교사에게 보고서를 제공하고, 교사는 이를 바탕으로 더 효과적인 수업 계획을 세운다.

증강현실(AR) 기술과 결합된다면 더 흥미로운 가능성들이 열린다. 학생들은 AR 글래스를 쓰고 유명 무용수의 홀로그램과 함께 춤출 수 있고, 자신의 동작 궤적을 3D로 시각화하여 볼 수 있으며, 전 세계 다른 학생들과 가상공간에서 함께 연습할 수도 있을 것이다.

아무리 기술이 발전해도 춤 교육에서 인간적 터치는 여전히 중요하다. 학생이 좌절할 때 격려해 주고, 작은 성취에도 진심으로 기뻐해 주며, 때로는 엄격하게 도전을 주는 것은 인간 교사만이 할 수 있다.

춤은 결국 인간의 감정과 이야기를 몸으로 표현하는 예술이다. 춤에 영혼을 불어넣는 것은 여전히 인간의 몫이다.

그렇다면 '춤의 영혼은 인간의 몫'이라는 당위론을 넘

어, 우리는 구체적으로 무엇을 준비해야 할까? AI가 완벽한 시범을 보이고 정밀한 교정을 해 주는 시대에, 인간 교사는 기능 전수자에서 예술적 해석자(Artistic Interpreter)로 진화해야 한다.

첫째, 데이터 해석 능력을 갖춰야 한다. AI가 쏟아내는 수많은 분석 데이터(각도, 속도, 균형 등)를 해독하여, 학생에게 필요한 예술적 조언으로 번역해 줄 수 있어야 한다. "데이터상으로는 오른쪽 다리가 약하니, 왼쪽 턴을 할 때 호흡을 더 깊게 가져가 보자"라고 제안하는 식이다.

둘째, 보이지 않는 것을 가르쳐야 한다. 얼마 전 재즈 댄스 수업에서 있었던 일이다. 재즈 선생님이 "정박에 박자를 맞춰 춤을 추지 말고 음악을 끝까지 기다렸다가 동작을 해 보세요. 에너지의 흐름을 바꿔 봐요"라는 말씀을 하셨다. 음악이 흐르고, 옆에서 선생님이 "기다렸다가~" 하며 호흡을 멈추었다가 '탁' 하고 박수를 치셨다. 그 순간, 기다림 끝에 터져 나온 에너지가 내 몸을 휘감았다. "기다렸다가"라는 말과 박수가 하나로 이어지는 그 찰나의 흐름이, 내 몸에 흐르는 에너지를 통째로 바꿔 놓은 것이다.

AI는 동작의 '결과'만 볼 수 있다. 인간 교사는 동작이 시작되기 전의 의도, 동작과 동작 사이의 여백, 그리고 춤을 추는 순간의 현존감을 가르치는 데 집중해야 한다. 앞서 언급한 소매틱 교육과 체화된 해부학이 더욱 중요해지는 이유가 바로 여기에 있다.

셋째, 기계적인 칭찬을 넘어선 진정한 지지를 보내야 한다. AI는 칭찬에 후하다. "아주 정확한 동작입니다", "탁월한 수행 능력입니다." 처음에는 나만을 위한 것 같은 이 즉각적인 반응에 설레기도 한다. 하지만 반복될수록 데이터 매칭에 따른 알고리즘의 뻔한 칭찬은 공허하게 느껴질 뿐, 심금을 울리지는 못한다.

인간 교사의 역할이 바로 여기에 있다. 교사는 학생이 AI의 기계적인 피드백이나 완벽함에 무뎌지지 않도록, 살아있는 감정으로 소통해야 한다. 정답에서 벗어난 실수에서도 예술적 가능성을 찾아내고, 화려한 칭찬보다는 학생이 흘린 땀의 무게를 알아주는 진심 어린 눈빛을 보내야 한다. AI가 '성공한 결과'에 보상을 준다면, 인간 교사는 '실패하는 과정'마저 끌어안는 정서적 지지자가 되어야 한다.

결국 미래의 춤 교육에서 AI는 가장 훌륭한 가이드를 제공할 것이고, 인간 교사는 그 지도 위에서 길을 잃지 않고 자신만의 여행을 즐기는 나침반(Compass)이 되어야 한다.

용어 노트

AI 춤 교육의 기술적 토대는 구글이 개발한 MoveNet과 같은 초고속 동작 감지 모델에 있다. 이는 스마트폰이나 웹캠만으로 신체의 주요 관절 지점인 키포인트(Keypoints)를 실시간으로 추적하여, 사람의 움직임을 기하학적 데이터로 변환하는 기술이다. 이는 별도의 장비 없이도 사람의 움직임을 디지털 데이터로 기록하는 모션 캡처의 진화를 보여주며, 컴퓨터 비전 기술이 교육 현장에 보편화되는 과정을 설명해 준다.

이러한 기술적 접근과 대척점에 있는 것이 바로 소매틱(Somatics)이다. 이는 신체를 3인칭 관찰자 시점이 아닌 1인칭 체험자 시점에서 바라보는 훈련법으로, 겉으로 보이는 동작보다 움직일 때 내부에서 느껴지는 감각과 인식을 중시한다. 대표적인 소매틱 방법론인 BMC(Body-Mind Centering)는 세포와 장기 등 신체 시스템을 탐구하여 몸의 지혜를 깨우는 것을 목표로 한다.

특히 BMC의 핵심 개념인 체화된 해부학(Embodied Anatomy)은 해부학적 지식을 지적으로 암기하는 것이 아니라, 직접 몸으로 느끼고 체험하며 습득하는 과정을 의미한다. 미래의 춤 교육은 결국 이 두 가지 시선, 즉 AI의 객관적 분석과 인간의 내적 체험을 결합한 하이브리드 교육(Hybrid Education)으로 나아가고 있다.

참고문헌

Body-Mind Centering: About Body-Mind Centering®. https://www.bodymindcentering.com/about/

Borkar, P.(2019). Match-Pose-A-system-for-learning-Yoga-and-Dance-poses-using-Pose-Estimation-Posenet-Tensorflow. GitHub. https://github.com/pradnyaborkar90/Match-Pose-A-system-for-learning-Yoga-and-Dance-poses-using-Pose-Estimation-Posenet-Tensorflow

Chen, H. et al.(2025). Dance of Fireworks: An Interactive Broadcast Gymnastics Training System Based on Pose Estimation. https://arxiv.org/html/2505.02690

Dance IQ. Somatic Dance and Brain-Based Dance. https://www.dance-iq.com/somatic-dance-brain-based-dance/

Dynamic Embodiment. BodyMind Dancing. https://dynamicembodiment.org/bodymind-dancing/

Kang, J. et al.(2023). Dancing on the inside: A qualitative study on online dance learning with teacher-AI cooperation. *Education and Information Technologies, 28*(9), pp.12111~12141. https://scholarworks.bwise.kr/erica/handle/2021.sw.erica/

112577

MAGIC AI Mirror. https://magic.fit/

STEEZY Studio. https://www.steezy.co/

Tonal. https://tonal.com/

Votel, R. & Li, N.(2021). Next-Generation Pose Detection with MoveNet and TensorFlow.js. TensorFlow Blog. https://blog.tensorflow.org/2021/05/next-generation-pose-detection-with-movenet-and-tensorflowjs.html

Wikipedia. Just Dance (video game series). https://en.wikipedia.org/wiki/Just_Dance_(video_game_series

Xu, L-J. et al.(2025). Effects of AI-assisted dance skills teaching, evaluation and visual feedback on dance students' learning performance, motivation and self-efficacy. *International Journal of Human-Computer Studies, 195*(103410). https://doi.org/10.1016/j.ijhcs.2024.103410

09
문화와 맥락:
AI 시대 춤 문화를 찾아가는 여행

춤은 단순한 신체 움직임 그 이상이다. 그것은 한 민족의 역사와 철학, 종교와 가치관이 몸으로 표현되는 살아있는 문화 언어다. 하지만 AI 시대에 접어들면서 이런 문화적 맥락들이 알고리즘 속에서 소실되거나 왜곡될 위험이 커지고 있다. 과연 AI는 어떤 문화의 렌즈로 춤을 바라보고 있으며, 우리는 어떻게 이 다양한 문화적 언어들을 보호하고 전수할 수 있을까?

AI와 기자?

유네스코와 무형문화유산: 춤의 가치를 인정하다

파리, UNESCO 본부에서

2024년 가을, 파리 7구의 UNESCO 본부. 무형문화유산 회의실에서 한 연구관이 2003년 이후 등재된 전 세계 춤 관련 무형문화유산 목록이 담긴 파일을 내게 건넸다.

목록에는 알제리의 세비바, 우간다의 마디 보울 하프 음악과 춤, 인도 라자스탄의 칼벨리아, 쿠바 룸바, 그리고 한국의 강강술래, 남사당놀이, 처용무, 농악까지 다양하게 포함되어 있었다. 2022년에는 한국의 탈춤 18개 종목이 한꺼번에 등재되었고, 2023년에는 인도 구자라트의 가르바와 모잠비크의 마피코가 새로 등록되었다.

연구관은 가르바가 나바라트리 축제 동안 사회적 평등을 촉진하는 의례적 춤이라는 점, 마피코가 테러와 자연재해로 인해 사라질 위기에 처해 긴급보호 대상으로 지정된 점을 설명했다.

나는 AI가 춤 데이터를 학습할 때 이런 문화적 다양성이 충분히 반영되는지 물었다. 연구관의 표정이 잠시 어두워졌다.

AI 춤 모델의 문화적 편향성

실리콘밸리, 어느 AI 연구소에서

몇 달 후, 실리콘밸리의 한 AI 연구소를 방문했다. 춤 생성 AI를 개발하는 팀 리더는 솔직했다.

"대부분 서구 중심 데이터로 훈련됩니다. 접근하기 쉬운 유튜브 영상들, 주로 발레나 재즈댄스, 힙합 정도죠."

그는 화면에 최근 연구 결과를 띄웠다. 설명 가능한 AI(XAI) 연구에 대한 체계적 검토에서는 200여 개 연구 중 81.3%가 서구의 산업화되고 교육받은 부유한 민주주의 국가들의 인구만을 표본으로 했다고 설명했다. 비서구 인구를 포함한 연구는 겨우 8.4%에 불과했다. 더 심각한 것은 연구 결과를 일반화할 때 문화적 차이를 고려하지 않는 경우가 70.1%에 달했다는 점이다.

"더 심각한 건 이겁니다." 그가 다른 슬라이드를 보여줬다. "힙합 생성 AI가 일본 데이터로만 훈련된 사례가 있어요. 힙합이 아프리카 디아스포라의 춤인데 말이죠. 과연 힙합의 본질을 제대로 이해할 수 있을까요?" 나는 속으로 중얼거렸다. 이것이 바로 '알고리즘적 식민주의'가 아닐까?

알고리즘적 식민주의의 그림자

AI의 문화적 편향성은 단순한 기술적 문제를 넘어 '알고리즘적 식민주의'라는 새로운 형태의 문화적 지배를 야기할 수 있다. 코넬 대학교 연구진은 AI가 서구 문화를 기본값이자 우월한 버전으로 은밀히 전파하면서 지역 문화와 가치를 억압할 수 있다고 경고했다. 이는 단순히 글쓰기 스타일의 문제가 아니라, 사람들이 자신의 문화유산에 대해 생각하고 표현하는 방식에까지 영향을 미칠 수 있다.

춤 분야에서 이런 현상은 더욱 직접적으로 나타날 수 있다. AI가 생성한 춤 동작이 서구적 미학과 움직임 패턴을 기준으로 한다면, 학습자들은 자신의 전통적 움직임 언어를 '잘못된' 것으로 인식하게 될 수 있다. 예를 들어, 아프리카 전통춤의 대지와 연결된 낮은 중심의 움직임이나 인도 고전 무용의 정교한 손동작이 서구적 발레 중심의 AI 시스템에서는 '비효율적'이거나 '부정확한' 것으로 평가될 위험이 있다.

서울, K-Dance의 역설: 데이터의 풍요 속 빈곤

서울로 발길을 돌렸다. 이곳은 전 세계 춤 데이터의 용광로와 같다. K-Pop부터 세계적 수준의 발레, 현대무용, 그리고 독창적인 한국무용이 공존한다. 하지만 AI는 이

풍요로운 데이터를 제대로 소화하고 있을까?

먼저 K-Pop 댄스를 살펴보자. 유튜브에는 수십억 건의 K-Pop 챌린지 영상이 존재해 AI 학습 데이터가 풍부해 보이지만, 질적인 문제가 있다. AI는 K-Pop 특유의 '칼군무(Kalgunmu)'라 불리는 기계적 정확성은 쉽게 학습하지만, 그 안에 담긴 미묘한 '그루브'와 멤버 개개인의 개성(Swag)은 '오차'로 인식해 제거해 버리는 경향이 있다. 한 K-Pop 안무가는 "AI가 만든 안무는 동작은 정확한데 '맛'이 없다. 한국인 특유의 '흥'과 '끼'를 데이터로 정량화하지 못하기 때문"이라고 지적했다.

한국의 현대무용과 재즈댄스(K-Jazz) 분야도 상황은 비슷하다. 한국 무용수들은 서구의 테크닉에 한국적 정서인 '한(恨)'과 '호흡'을 결합해 독창적인 움직임을 만들어 낸다. 하지만 서구 데이터 위주로 학습된 AI 모델은 이러한 한국 무용수들의 움직임을 분석할 때, 호흡과 함께 바닥을 누르는 깊은 굴신(Plie)을 '불필요한 에너지 소모'나 '느린 템포'로 오판하곤 한다. AI는 동작의 외형적 궤적(Shape)은 읽어내지만, 그 동작을 추동하는 내면의 에너지 흐름(Flow)은 읽지 못하는 것이다.

가장 큰 왜곡은 한국 전통춤에서 일어난다. 한국무용의 핵심인 '정중동(靜中動)'의 미학, 즉 멈춰 있는 듯하나

내면은 움직이고 있는 상태는 시각 데이터에 의존하는 AI에게는 '정지 상태(No Action)'로 인식된다. 서울의 한 무용 공학 연구자는 "살풀이춤을 AI에게 보여 주면 데이터 값이 '0'에 가깝게 나올 때가 있다. AI는 눈에 보이는 큰 움직임만 '춤'으로 인식하기 때문이다. 한국 춤 고유의 곡선미와 호흡의 깊이가 알고리즘 속에서 증발해 버리는 셈이다"라고 토로했다.

역설적이게도 세계적인 명성을 얻고 있는 'K-발레(K-Ballet)' 또한 AI의 표준화 문제에 직면한다. 한국 무용수들의 신체 조건과 표현력에 최적화된 독창적인 발레 스타일이 있지만, 글로벌 AI 모델은 이를 러시아나 프랑스 메소드의 '변형' 정도로만 분류할 뿐, 독자적인 스타일로 학습하지 못하고 있다.

태국 전통춤의 디지털화: 문화적 민감성 모범 사례

방콕, 전통 무용 보존 센터에서

태국에 좋은 사례가 있다고 해서 찾아가 봤다. 이곳에서는 새로운 접근이 시도 되고 있었다. 태국 전통춤의 AI 협업 프로젝트는 태국 전통 춤의 59개 기본 동작(Mae Bot Yai)을 3D 모션 캡처로 기록하고, 이를 바탕으로 가상 캐릭터와 인간 무용수가 협업하는 시스템을 개발했다.

중요한 것은 이 프로젝트가 단순히 기술적 재현에 그치지 않고 태국 전통춤의 철학적 원리까지 계산 모델에 반영했다는 것이다. 태국 전통춤의 6가지 요소(Six Elements) 원리를 분석하여 가상 캐릭터의 움직임을 실시간으로 조절할 수 있는 알고리즘을 개발했다. 또한 음성 제어 기능을 통해 무용수, 안무가, 심지어 관객도 전통 춤 요소를 나타내는 매개변수를 조정하여 가상 에이전트의 안무에 참여할 수 있게 설계되었다.

이 프로젝트의 핵심은 문화적 전문가와의 긴밀한 협업이었다. 단순히 기술자들만이 아니라 태국 전통 춤 전문가들이 전 과정에 참여하여 문화적 정확성과 진정성을 보장했다. 결과적으로 탄생한 "Cyber Subin"이라는 공연은 무형문화유산, 지능 기술, 포스트휴먼 안무를 결합하여 예술적 표현을 확장하면서도 전통적 지혜를 현대적 맥락에서 보존하는 성과를 거두었다.

중국 소수 민족 춤의 AI 인식: 편향성 해결 시도

베이징, 소수 민족 문화연구소

중국에서도 흥미로운 시도가 이뤄지고 있었다. 중국의

소수 민족 춤 동작 인식을 위한 AI 모델 연구에서는 문화적 편향성을 피하기 위한 세심한 접근을 시도했다. 이 연구는 묘족, 따이족, 티베트족, 위구르족, 몽골족, 이족 등 6개 소수 민족의 춤 동작을 3D 합성곱 신경망(3D-CNN)을 통해 인식하는 모델을 개발했다.

주목할 점은 연구진이 민족 춤 동작을 주석화할 때 문화적 편향을 신중히 피하려 했다는 것이다. 서로 다른 민족 춤들이 고유한 문화적 의미와 역사적 배경을 가지고 있으며, 어떤 동작은 한 문화에서는 특정한 상징적 의미를 갖지만 다른 문화에서는 그런 정의가 없을 수 있다는 점을 인정했다. 이런 차이가 주석 편향으로 이어질 수 있음을 인식하고, 문화 전문가들과의 긴밀한 협업을 통해 각 민족 집단의 문화적 특성을 정확히 반영하려 노력했다.

묘족 춤 동작에 주석을 달 때는 묘족 문화 연구 전문가들을 초청하여 각 동작의 문화적 의미를 논의하고 정의했다. 또한 초기 모델 설계 단계에서 다양성과 대표성을 특별히 강조하여 다양한 지역과 민족 집단의 춤 스타일을 포함함으로써 데이터세트의 잠재적 편향을 최소화했다.

맥락 없는 표현의 위험성

런던, 안무가의 실험

런던에서는 또 다른 각도의 접근을 목격했다. 한 안무가는 26개 민속춤으로 훈련된 AI에게 새로운 문화적 맥락을 배재한 '보편적' 민속춤을 만들도록 요청하는 작품 KLOF. cyberographies of folk를 제작했다. 그녀는 특정 안무 작업에서 인간보다 기술을 더 신뢰한다고 말했지만, 편향에서 완전히 자유로운 AI를 만드는 것은 실질적으로 불가능하다는 것을 인정했다.

이런 딜레마는 AI 춤 생성의 본질적 한계를 보여 준다. 문화적 맥락을 고려하지 않은 '보편적' 춤은 사실상 무의미한 움직임의 나열에 불과할 수 있다. AI가 춤을 학습하고 생성할 때 가장 큰 위험 중 하나가 문화적 맥락의 상실이다. 춤은 단순한 움직임의 조합이 아니라 특정한 의례적, 사회적, 종교적 맥락에서 의미를 갖는다. 맥락을 제거하고 순수한 움직임 데이터로만 춤을 다룬다면, 그것은 더 이상 원래의 문화적 의미를 담고 있지 않다.

표준화의 함정: 다양성 상실의 위험

여행을 이어가며 또 다른 우려가 생겼다. AI 시스템이 춤 교육과 평가에 널리 쓰일수록 움직임 표준화 압력이 커진다는 점이다. '정확성'을 추구하는 AI는 정형화된 동작 패턴을 선호하는 경향이 있지만, 이런 표준화는 춤의 풍부한 다양성을 획일화할 위험을 안고 있다.

세계엔 수천 가지 춤이 존재하며, 같은 춤이라도 지역별, 개인별로 미묘한 차이를 보인다. 이런 차이야말로 춤의 생명력이자 문화적 정체성의 핵심인데, AI가 '가장 효율적' 또는 '가장 정확한' 움직임을 기준 삼는다면 미묘한 변화들은 '오류'로 분류되어 사라질 수 있다.

예를 들어, 현재 전 세계 춤 데이터의 주류를 차지하는 K-Pop 댄스를 보자. AI는 멤버들이 기계처럼 딱 맞추는 '칼군무'는 완벽하게 학습하지만, 그 동작 사이사이에 댄서가 즉흥적으로 집어넣는 미세한 '그루브나' 한국적 '흥'은 불필요한 노이즈로 처리해 버릴 위험이 있다. 한국 전통춤의 핵심인 '정중동(靜中動, 움직임 속의 고요함)' 역시 시각적 데이터로는 감지되지 않아 AI에게는 '멈춤'이나 '오류'로 기록될 수 있다.

더 심각한 건 AI가 주로 기록된 디지털 춤 데이터를 학습한다는 사실이다. 구전으로만 전승되는 춤, 특별한 의례에서만 행해지는 춤, 특정 계층이나 성별에게만 허용되는 춤들은 학습 범위에서 제외될 가능성이 크다. 결국

AI 생성 춤은 이미 알려진 주류 춤 형태에 편향될 수밖에 없다.

문화 간 새로운 대화의 실마리

상파울루, 그루포 코르포

AI와 춤의 만남이 항상 문화적 위험만을 내포하는 것은 아니다. 브라질의 그루포 코르포(Grupo Corpo)는 1970년대 전통적인 클래식 발레 컴퍼니로 시작해서 점진적으로 새로운 지역적 요소들을 통합한 좋은 사례다. 창립자이자 안무가 중 한 명은 브라질 거리를 걸어다니며 사람들의 움직임을 관찰하고, 이를 자신이 창조하는 춤에 통합하는 아이디어를 얻었다.

이는 한국의 현대무용이나 재즈댄스(K-Jazz)가 걸어온 길과도 닮았다. 서구의 발레나 재즈 테크닉에 한국 고유의 깊은 호흡과 굴신(Plie)을 결합해 독창적인 'K-스타일'을 만들어 냈듯이, AI도 이와 비슷한 역할을 할 수 있다. 서로 다른 문화의 춤 요소들을 학습하고 이를 새로운 방식으로 조합하여 기존에 존재하지 않았던 혁신적인 움직임을 창조할 수 있다. 중요한 것은 이런 과정에서 원본 문화들의 정체성과 가치를 존중하고 보존하는 것이다.

포용적 AI를 위한 노력

버지니아, 포용적 해법을 향해

버지니아 코먼웰스 대학교의 케이트 시키오(Kate Sicchio) 교수는 "인터넷에서 그냥 가져온 데이터세트에는 누구의 몸이 들어있을까? 그들이 이것에 동의했을까?"라고 질문하며, 항상 자신만의 데이터세트를 구축하여 기존 훈련 데이터의 편향성을 피하려 노력했다.

문화적 프롬프팅(cultural prompting)이라는 전략도 주목할 만하다. 이는 AI에게 특정 문화적 맥락을 명시적으로 제공하여 문화적 정렬을 개선하는 방법이다. 최근 연구에 따르면 GPT-4와 같은 최신 모델에서 이 방법이 71~81%의 국가에서 문화적 정렬을 개선하는 효과를 보였다.

하지만 이런 기술적 해결책만으로는 충분하지 않다. 근본적으로는 AI 개발 과정에서 문화적 다양성을 고려하는 포용적 설계 철학이 필요하다. 이는 다양한 문화적 배경을 가진 전문가들의 참여, 소스 커뮤니티가 자신들의 문화적 표현에 대한 통제권을 유지할 수 있는 소유권 프레임워크, 지속적인 문화적 민감성 평가 등을 포함한다.

여행을 마치며

궁극적으로 AI 시대의 춤 문화는 보존과 혁신의 균형점을 찾아야 한다. 전통적인 춤 형태들이 그 본질과 의미를 잃지 않으면서도 새로운 기술적 환경에서 살아남고 발전할 수 있는 방법을 모색해야 한다.

UNESCO의 무형문화유산 협약이 보여주듯, 춤의 문화적 가치에 대한 국제적 인식은 이미 확립되었다. 이제 필요한 것은 이런 가치를 AI 기술 개발과 활용 과정에서 구체적으로 실현하는 것이다. 이를 위해서는 기술 개발자, 문화 전문가, 춤 커뮤니티, 정책 입안자들의 지속적인 협력이 필요하다.

춤은 인류 공통의 언어이면서 동시에 각 문화만의 고유한 방언이다. AI가 이 풍부한 언어적 다양성을 획일화하는 도구가 아니라 더욱 풍성하게 만드는 매개체가 되도록 하는 것이 우리의 과제다. 기술이 문화를 지배하는 것이 아니라 문화가 기술을 인도할 때, 비로소 진정한 의미의 문화적 AI가 탄생할 것이다. 이제 K-Dance를 비롯한 전 세계의 춤 커뮤니티는 AI라는 거대한 파도 앞에서 주체적인 질문을 던져야 한다. 우리의 '흥'과 '호흡', 그리고 '떨림'을 데이터로 어떻게 번역할 것인가? 그리고 그 데이터 속에 우리의 영혼을 어떻게 담아낼 것인가?

용어 노트

탈맥락화는 문화적 맥락에서 분리되어 본래 의미를 잃는 현상을 말한다. AI가 춤의 외형만 학습하고 문화적 의미를 놓칠 때 생기는 문제다. 이와 관련된 알고리즘적 편향은 AI 시스템이 특정 집단이나 문화에 유리하거나 불리하게 작동하는 현상으로, 학습 데이터의 불균형이나 설계상 문제로 발생한다.

이러한 문제를 해결하기 위해 조건부 입력이라는 기술이 사용되는데, 이는 AI 모델이 특정 조건, 예를 들어 문화적 맥락을 고려하여 결과를 생성하도록 하는 방법이다. 문화적 프롬프팅은 AI에게 특정 문화적 맥락을 명시적으로 제공하여 문화적 정렬을 개선하는 방법으로 활용된다.

문화 전유는 지배 문화가 소수 문화의 요소를 맥락 없이 차용하거나 왜곡하는 행위를 일컫는다. 원문화에 대한 이해나 존중 없이 표면적 요소만 사용하는 경우를 의미한다. 디지털 식민주의는 기술을 통해 주변부 문화가 중심부에 의해 착취되는 현상으로, 데이터 추출과 문화적 종속성을 통한 새로운 지배 형태다. 알고리즘적 식민주의는 AI가 서구 문화를 기본값으로 전파하며 지역 문화를 억압하는 현상으로, 기술을 통한 문화적 헤게모니의 새로운 형태라고 할 수 있다.

한국 전통춤의 미학적 원리인 정중동은 고요함 속에 움직임이 있고, 움직임 속에 고요함이 있다는 의미다. 인도 전통 예술의 핵심 개념인 라사는 공연을 통해 관객에게 전달되는 정서적 맛 또는 미적 경험을 가리킨다. 신명은 한국 전통 공연 예술의 핵심 정서로 흥겨움이 극에 달해 자아를 잊는 몰아의 경지를 말하는 것이다.

뉴질랜드 마오리족의 전통 춤인 하카는 전사의 춤으로 알려져 있다. 인도 케랄라 지방의 전통 춤극인 카타칼리는 정교한 표정 연기와 손동작으로 서사를 전달한다. 가르바는 인도 구자라트 지방의 전통춤으로 나바라트리 축제 기간 중 여성 에너지 샥티(Shakti)를 숭배하는 의례적 춤이다.

모잠비크의 전통춤인 마피코는 인간 정신과 우주와의 조화, 선악의 싸움을 상징한다. 브라질 카포에이라의 기본 스텝인 진가는 끊임없는 흔들림과 리듬을 통해 공격과 방어의 준비 자세를 표현한다. 호다는 카포에이라가 행해지는 원형의 공간으로 단순한 물리적 공간이 아닌 공동체와 에너지가 모이는 의례적 장소를 의미한다. 마에 봇 야이는 태국 전통춤의 59개 기본 동작으로 태국 춤의 기본 어휘를 구성하는 핵심 요소다.

3D-CNN은 동영상이나 3D 데이터 분석에 사용되는 AI 모델로 3차원 합성곱 신경망을 뜻한다. XAI는 설명 가능한 인공지능으로, AI의 의사 결정 과정을 인간이 이해할 수 있도록 설명하는 기술이다.

참고문헌

Forward Pathway(2025). Unveiling Western Bias in Artificial Intelligence: Cultural Impact, Social Inequality, and the Path Towards Inclusive AI. https://www.forwardpathway.us/unveiling-western-bias-in-artificial-intelligence-cultural-impact-social-inequality-and-the-path-towards-inclusive-ai

Pataranutaporn, P. et al.(2024). Human-AI co-dancing: Evolving cultural heritage through collaborative choreography with generative virtual characters. Proceedings of the 9th International Conference on Movement and Computing. https://www.media.mit.edu/publications/human-ai-co-dancing-evolving-moco2024/

Tao, Y. et al.(2024). Cultural bias and cultural alignment of large language models. *PNAS Nexus, 3*(9). https://academic.oup.com/pnasnexus/article/3/9/pgae346/

7756548
The Conversation(2024). Understanding AI outputs: study shows pro-western cultural bias in the way AI decisions are explained. https://theconversation.com/understanding-ai-outputs-study-shows-pro-western-cultural-bias-in-the-way-ai-decisions-are-explained-227262
UNESCO(2023). Mozambican Mapiko traditional dance joins UNESCO Intangible Cultural Heritage list. https://www.unesco.org/en/articles/mozambican-mapiko-traditional-dance-joins-unesco-intangible-cultural-heritage-list
UNESCO. Browse the Lists of Intangible Cultural Heritage and the Register of good safeguarding practices. https://ich.unesco.org/en/lists?term%5B%5D=vocabulary_thesaurus-3044
United Nations in India(2023). Garba joins UNESCO list of Intangible Cultural Heritage. https://india.un.org/en/255203-garba-joins-unesco-list-intangible-cultural-heritage
Wikipedia. Intangible cultural heritage. https://en.wikipedia.org/wiki/Intangible_cultural_heritage
Wingenroth, L.(2023). How are Dance Artists Using AI—and What Could the Technology Mean for the Industry?. Dance Magazine. https://dancemagazine.com/how-dancers-use-ai/
Zhen, N. & Park, J. K.(2025). Ethnic dance movement instruction guided by artificial intelligence and 3D convolutional neural networks. *Scientific Reports, 15.* https://www.nature.com/articles/s41598-025-01879-2

10
인간 중심 기술을 향한 마지막 스텝

춤은 '보는 것'이기 이전에 '하는 것'이고,
'결과'이기 이전에 '과정'이다. 바로 지금,
살아있는 내가, 내 몸으로, 이 공간과 시간을
온전히 느끼고 있다는 가장 확실한 증거. 그것이
바로 춤이다.

AI와 미래 의사?

에필로그: 춤추는 인간의 선언

방금 전까지 스튜디오를 가득 채웠던 음악의 클라이맥스 부분이 귓가에 맴돈다. 심장은 여전히 드럼 비트에 맞춰 뛰고, 온몸의 세포 하나하나가 음악의 결을 따라 흐르다 멈춘 듯 짜릿한 여운에 잠겨 있다. 음악과 내가 온전히 하나가 되는 순간, 리듬이 내 발끝에서 심장으로, 다시 손끝으로 폭발하는 그 감각. 바로 이 맛에 20년째 이 마룻바닥을 떠나지 못한다.

어느 날 문득 궁금해졌다. 휴대폰을 열어 생성형 인공지능에게 물었다. "춤이 뭐야?"

AI는 1초의 망설임도 없이 답을 쏟아냈다. "춤(Dance): 음악에 맞추어 율동적인 동작으로 감정이나 의사를 표현하는 예술. 신체, 리듬, 공간의 3요소로 구성됨." 틀린 말은 하나도 없었다. 완벽하게 건조하고, 완벽하게 정답이었다.

하지만 그 어디에도 방금 내가 느낀 심장의 떨림은 없었다. 그래서 나는 나만의 답을 다시 생각했다. 춤은 '보는 것'이기 이전에 '하는 것'이고, '결과'이기 이전에 '과정'이다. 바로 지금, 살아있는 내가, 내 몸으로, 이 공간과 시간을 온전히 느끼고 있다는 가장 확실한 증거. 그것이 바로 춤이다.

그제야 진짜 질문이 터져 나왔다. "나는 왜 춤을 추는가?" 인공지능이 저 사전적 정의를 완벽하게 구현하여, 모든 스텝과 리듬을 나보다 더 정확하게, 지치지도 않고 출 수 있다면, 내가 방금 느낀 이 전율과 살아있다는 감각은 대체 무슨 의미가 있을까?

기술과 인간의 관계-데이터는 경험을 대체할 수 있는가

스탠포드 인간중심 AI 연구소(HAI)의 제임스 랜데이 교수는 중요한 화두를 던진다. 그는 "'선을 위한 AI(AI for good)'라는 구호만으로는 충분하지 않다"고 지적한다. 이는 아무리 좋은 의도를 가지고 기술을 개발하더라도, 그 접근법이 인간의 실제 경험과 가치를 중심에 두지 않으면 오히려 인간을 소외시키는 결과를 낳을 수 있다는 문제의식이다.

이 생각은 예술에서도 그대로 유효하다. AI 기술의 목표는 인간을 대체하는 것이 아니라, 인간의 창의적 가치를 확장하는 데 있어야 한다. 결론적으로, 기술은 도구이고 인간이 주인이다.

AI는 방대한 레퍼토리를 학습해 패턴을 생성할 수 있으나, 데이터는 과거의 3인칭 기록이고 경험은 지금 여기의 1인칭 사건이다. 땀의 짠맛, 마루의 미세한 흠집, 관객의 숨과 맞물린 심장 고동은 기록으로 환원되지 않는다. 데이터는 역사를 만들 수 있으나 살아 있는 감각이 될 수는 없다.

이 명제의 가장 강력한 증거는 바로 직업 무용수의 몸, 그 자체가 써 내려온 역사에 있다. 무용수에게 춤은 자기표현을 넘어 관객과의 소통이며 생존의 언어다. 관객이 감동하는 것은 완벽한 기술 그 자체가 아니라 그 뒤의 시간과 의지다. 발터 베냐민이 말한 '아우라(Aura)', 즉 살아 있는 현존은 복제할 수 없는 가치이며, 그 근원은 바로 인간만이 감내할 수 있는 처절한 '고뇌의 시간'에 있다.

전설적인 발레리나 강수진의 발 사진을 기억할 것이다. 뒤틀린 뼈마디와 갑옷처럼 박인 굳은살. 그녀의 발은, 무대 위 환상을 위해 인간이 감내한 고뇌의 서사다. AI는 이 고통을 데이터로 모사할 수 있으나, 고통을 이겨내고 미소 지어야 하는 인간의 의지를 이해하지 못한다.

이러한 헌신은 장르를 가리지 않는다. 한국 무용은 땅의 에너지를 품고 뱉어내는 호흡의 그릇이다. 특히 승무(僧舞)의 절제된 움직임은, 그 정적인 아름다움을 위해 무용수는 온몸의 근육이 비명을 지르는 극한의 통제를 요구한다. 현대 무용수의 몸에 새겨진 멍과 상처는 움직임의 한계를 탐험한 용감한 훈장이다. 현대 무용가 김설진은 "바닥에 내 몸을 던지고, 구르고, 부딪히는 과정 없이는 새로운 움직임이 나올 수 없다"고 했다.

결론적으로 AI에는 학습 · 추론의 기술적 과정이 있으나 체화된 1인칭 경험 과정은 부재다. 인간 무용수의 1분 1초에는 수만 시간의 땀과 눈물, 고통과 환희가 압축되어 있다. 관객은 동작이 아니라 한 인간의 삶과 투쟁을 목격하고 교감한다.

인간-기계의 협업·균형·윤리

그렇다면 공존은 어떻게 가능한가? 핵심은 AI를 사람처럼 느끼게 만드는 것이 아니라, 사람이 사람으로 남도록 돕는 기술을 설계하는 것이다.

AI는 MIT의 〈Human-AI Co-Dancing〉 프로젝트처럼 문화를 보존하고, 웨인 맥그리거의 〈Living Archive〉처럼 창의적 영감을 주는 파트너가 될 수 있다. 또한 장애가 있는 무용수를 돕고, 파킨슨 환자의 재활 치료에 즐거움을 더하며, 소실된 민속춤을 복원하는 등 춤의 경계를 허물고 더 많은 사람을 포용하는 도구가 될 수 있다.

물론 윤리와 권리의 기준도 필요하다. 안무 저작권의 기본 전제는 인간 저자다. AI와의 협업에서 권리와 책임은 창의적 판단을 내린 인간에게 귀속되어야 하며, 데이터의 출처와 문화적 맥락을 존중하는 원칙이 마련되어야 한다.

마지막 스텝

이 책은 춤추는 기계와 사유하는 몸이 만나는 지점에서 다시 묻는다. 기계가 춤출 수 있는 시대에 인간은 왜 춤추는가.

답은 분명하다. 춤의 가치는 결과가 아니라 과정에 있고, 완벽함이 아니라 불완전한 몸짓에 있다. 기계의 정밀함과 인간의 불완전함이 만나는 그 틈에서 예술은 자란다. 이것은 나만의 생각이 아니다. 최근 함께 춤추는 동료에게 물었다. 왜 우리는 이토록 춤을 추는 거냐고. 그는 이렇게 답했다.

"춤을 출 때 내 머릿속에 있는 어떤 상념이나 고민 같은 게 싹 사라져요. 물론 춤이 잘 안 될 때 속상하기도 하고 그래서 더 많은 신경이 쓰이기도 하지만 어쨌든 춤을 추면서 머릿속에서 상념들이 싹 사라져요. 일종의 명상이라고 할까. 그리고 잘 안 되는 동작이 있을 때 그냥 안 되는 거 인정하고 계속 꾸준히 하다 보면 어느 순간 되는 경우가 생겨요. 그게 너무 기쁘죠."

그의 말은 AI 시대에 우리가 춤을 추는 이유를 명쾌하게 보여 준다. 춤은 데이터를 처리하는 머리를 비우고, 오롯이 몸의 감각에 집중하는 명상이다. 그리고 수많은 실패라는 과정 끝에 찾아오는 단 한 번의 성공. 그 희열은 결코 알고리즘으로 계산될 수 없는, 오직 인간만이 누릴 수 있는 삶의 보상이다.

그리고 그 틈을 매일 자신의 몸으로 열어젖힌 사람들이 있다. 연습실과 무대의 이름 없는 시간들을 견뎌 온 모든 무용수들에게, 이 장을 바친다. 당신들의 땀과 숨, 미세한 떨림이 세계를 움직였고 앞으로도 그럴 것이다.

춤은 계속된다. 우리와 함께, AI와 함께, 그리고 아직 태어나지 않은 미래의 춤꾼들과 함께 한다.

용어 노트

기술의 발전이 인간의 가치를 최우선으로 두어야 한다는 인간중심 AI(Human-Centered AI)는, AI를 대체재가 아닌 창의적 협력 도구로 보는 철학이다.

이러한 관점은 다양한 프로젝트를 통해 구현된다. 세계적인 안무가 웨인 맥그리거와 구글이 협력한 〈Living Archive〉는 AI가 안무가의 방대한 데이터를 학습해 새로운 영감을 주는 창의적 파트너가 될 수 있음을 보여 준다. MIT 미디어랩의 〈Human-AI Co-Dancing〉 프로젝트는 한 걸음 더 나아가, AI 기술로 태국 전통 무용 같은 문화유산을 보존하고 재해석하는 협업의 가능성을 탐구한다.

그러나 진정한 협업은 단순한 동작 생성을 넘어선다. 카네기 멜런 대학의 〈LuminAI〉 프로젝트는 인간의 춤 협업이 호흡이나 에너지 같은 미묘한 비언어적 소통에 기반함을 밝혀내며, AI 파트너가 갖춰야 할 기술적, 철학적 과제를 제시한다.

현실적인 협업 모델로는 'DancingInside'와 같은 교육 시스템이 있다. 이 시스템에서 AI는 기술적 피드백을 제공하는 '보조 교사' 역할을 하고, 최종적인 예술적 판단은 인간 교사가 내리는 균형 잡힌 구조를 가진다.

한편, 이러한 기술이 상업적으로 확산되면서 새로운 윤리 문제도 발생한다. 포트나이트 게임의 '에모트 댄스(Emote Dance)'가 원작자의 허락 없이 사용되어 저작권 소송에 휘말린 사건은, 디지털 시대에 춤의 소유권과 창작자의 권리가 어떻게 다루어져야 하는지에 대한 중요한 사회적 질문을 던진 사건이다.

참고문헌

Bardon, A.(2024). Human-Centered AI: What Is Human-Centric Artificial Intelligence?. Lindenwood University. https://online.lindenwood.edu/blog/human-centered-ai-what-is-human-centric-artificial-intelligence/

Benjamin, W.(1936/2007). 《기술복제시대의 예술작품》. 최성만 옮김. 길.

Experiments with Google(2019). Living Archive by Wayne McGregor.
https://experiments.withgoogle.com/living-archive-wayne-mcgregor

Harvard Law Review(2025). Artificial Intelligence and the Creative Double Bind.
https://harvardlawreview.org/print/vol-138/artificial-intelligence-and-the-creative-double-bind/

Landay, J.(2024). "AI for good" isn't good enough: A call for human-centered AI. Stanford Institute for Human-Centered Artificial Intelligence.
https://hai.stanford.edu/events/ai-good-isnt-good-enough-call-human-centered-ai

McGregor, W.(2019). Living Archive: Choreographic AI. YouTube.
https://www.youtube.com/watch?v=qshkvUOc35A

McKinsey(2024). The case for human-centered AI.
https://www.mckinsey.com/capabilities/mckinsey-digital/our-insights/the-case-for-human-centered-ai

MIT Media Lab(2024). Human-AI Co-Dancing Project.
https://www.media.mit.edu/publications/human-ai-co-d

ancing-evolving-moco2024/

Nogueira, M. R. et al.(2024). Exploring the impact of machine learning on dance performance: a systematic review. *International Journal of Performance Arts and Digital Media, 20*(1), pp.60~109. https://www.tandfonline.com/doi/full/10.1080/14794713.2024.2338927

Trajkova, M. et al.(2024). Exploring Collaborative Movement Improvisation Towards the Design of LuminAI—a Co-Creative AI Dance Partner. *Proceedings of the 2024 CHI Conference on Human Factors in Computing Systems*, 890. https://dl.acm.org/doi/10.1145/3613904.3642677

US Copyright Office(2019). Compendium of U.S. Copyright Office Practices(3rd edition).

Wang, Z.(2024). Artificial intelligence in dance education: Using immersive technologies for teaching dance skills. *Technology in Society, 27.* https://www.sciencedirect.com/science/article/abs/pii/S0160791X24001271

Yang, Y.(2023). In What Ways is AI Disrupting the Dance Industry?. AMT Lab @ CMU. https://amt-lab.org/blog/2023/12/in-what-ways-is-ai-disrupting-the-dance-industry

유주연

한양대학교에서 응용수학으로 박사학위를 받았다. 서울 과학종합대학원대학교에서 경영전문석사를 받았다. 한국인공지능윤리협회이사를 역임했으며 세종대학교, 홍익대학교에서 겸임교수를 지내면서 후학 양성에 힘을 썼으며 이화여자대학교 경영대학원 초빙교수로 재직 중이다.